U0602516

高校教学理论研究与实践

皇甫菁菁　著

吉林出版集团股份有限公司｜全国百佳图书出版单位

图书在版编目（CIP）数据

高校教学理论研究与实践 / 皇甫菁菁著. —— 长春：
吉林出版集团股份有限公司, 2022.6
ISBN 978-7-5731-1629-1

Ⅰ.①高… Ⅱ.①皇… Ⅲ.①高等教育—教学理论—
研究 Ⅳ.①G642

中国版本图书馆CIP数据核字(2022)第110958号

高校教学理论研究与实践

GAOXIAO JIAOXUE LILUN YANJIU YU SHIJIAN

著　　者　皇甫菁菁
出 版 人　吴　强
责任编辑　张西琳
助理编辑　王　博
开　　本　787 mm × 1092 mm　1/16
印　　张　7.75
字　　数　203千字
版　　次　2022年6月第1版
印　　次　2022年6月第1次印刷
出　　版　吉林出版集团股份有限公司
发　　行　吉林音像出版社有限责任公司
　　　　　（吉林省长春市南关区福祉大路5788号）
电　　话　0431-81629667
印　　刷　三河市嵩川印刷有限公司

ISBN 978-7-5731-1629-1　　定　价　50.00元

前　　言

　　近年来,高校实践教学是大学教学的基本形式之一。随着高校教学的质量越来越受到更多的关注,教师们也愈加关注如何提高自身的教学水平。要提高教学水平,除了提升自身的知识涵养外,还应该掌握设计教学的技能,提高教学设计的水平。理论教学是以学科知识体系讲述为主,通过教师讲解、学生倾听的方式,阐释理论知识,使学生明了学科知识的框架、范畴与原理,促进学生智力发展。而实践教学则是以操作活动为主,在教师的指导下学生参与教学过程,使学生在知识与技术理解和掌握的基础上,增强动手能力,发展学生的行动模式。但是长期以来,由于传统观念的束缚,技术理性模式下的课程设置等原因,高校的实践教学始终处于弱势地位。众所周知,实践教学是培养学生创新精神和实践能力,提高学生综合素质、提升教学质量的重要环节。鉴于此,本书应运而生。

　　本书共分为四章:第一章主要阐述了高校教育教学设计的相关理论;第二章主要阐述了高校教育教学管理理论与模式;第三章主要阐述了高校教育教学工作实践研究;第四章主要阐述了高校教育教学的实践模式研究。

　　本书在撰写过程中参考了许多教材、文献和有关网站信息,在此对相关作者表示谢意。鉴于课程涉及的知识面广,而作者水平有限,书中难免有不妥之处,敬请读者批评指正。

皇甫菁菁

2021 年 9 月

目　　录

第一章　高校教育教学设计的相关理论

教学是为了促进学生学习，而促进学生学习的第一步是设计严谨的课程大纲。课程大纲的形成过程即课程设计，课程设计是上好课的前提和保障。教师在课程设计中需要考虑：哪些是重要的情境因素？一整套学习目标应该是什么？什么样的课程内容和教学活动才能达到教师所设想的一整套学习目标？应该提供什么样的反馈与评价？所有这些因素之间需要彼此配合和相互支持。

第一节　高校教育学习目标设计理论

在设计学习目标时，需要考虑培养目标和课程目标的一致性。教育目的和培养目标具体化到课程教学上即成为课程目标，而课程目标又进一步细化和具体化为教学目标。教学目标是教学过程中学生预期达到的学习成果和标准，它是明确界定比较抽象的目标的行为结果以引导教学的开展。教归根到底是为了学，所以教学目标实际上是学习目标，二者犹如一枚硬币的两个面。在课程开始以前，每一位教师都需要考虑自己所教授的课程需要努力达到怎样的教学目标，或者说学生需要达到怎样的学习目标或学习成果，即学生在经历了一段时间的学习之后，在知识、技能、能力和情感等方面应该有怎样的变化和表现。

一、学习目标框架

学习目标包括有价值的学习经验，涵盖学习成果。时至今日，学者们提出了诸多有借鉴价值的目标框架。深入理解这些框架，有助于教师在此基础上形成自己的教学目标体系。

（一）布卢姆等人的教育目标分类学

美国心理学家布卢姆等人提出了认知、情感和动作三大领域的教育目标。其中，他们把认知领域目标由低到高分为六类：即知识、理解、应用、分析、综合和评价，这一目标分类在教学理论和实践中得到广泛应用。后来，安德森（Anderson）小组修改了布卢姆分类法，将认知学习领域、教育目标按知识与认知过程两个维度分类。他们认为知识只是思维发生的背景，一方面将"知识"变成独立的维度（知识被细分为事实性知识、概念性知识、程序性知识和元认知知识），另一方面将"知识"作为动词变成"记忆"，同时把"综合"改变为"创造"且置于等级的最高位置。由此，修正后的目标由低到高变为：记忆、理解、运用、分析、评价和创造，如图1-1所示。

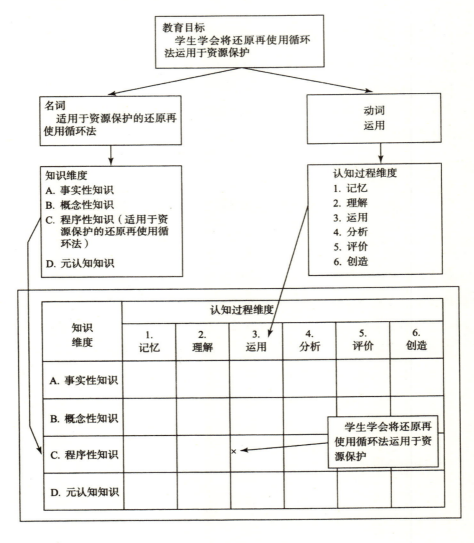

图1-1 目标的分类

那么，这些认知目标的具体所指又是什么呢？记忆指的是从长时记忆系统中提取有关信息；理解指的是从口头、书面和图画传播的教学信息中建构意义；运用指的是在指定的情境中执行或使用某程序；分析指的是把材料分解为它的组成部分并确定各部分之间如何相互联系以构成总体结构或达到目的；评价指的是依据标准或规格做出判断；创造指的是将要素加以组合形成一致的或功能性的整体，或者将要素重新组织成为新的模式或结构。

关于布卢姆和安德森等人的教学目标分类框架举例，见表 1-1。

表 1-1 基于布卢姆和安德森等人的教学目标分类框架示例

级别	学生应该能
知识/记忆	• 定义抑扬格五音步 • 陈述牛顿运动定律 • 识别主要的超现实主义画家
理解	• 用自己的话语描述曲线图的走势 • 归纳《苏格拉底的申辩》 • 把伏尔泰的《老实人》翻译成英语
应用	• 描述一次检验光和光量对光合作用的希尔反应的影响的实验 • 标出一首诗的格律和韵脚 • 用阿基米德定律算出不规则形状物体的体积
分析	• 列出同意和反对克隆人的论点 • 决定控制实验的变量 • 讨论全球经济下孤立主义的基本原理和作用
综合/创造	• 依据海明威的风格写一则小故事 • 构思反驳他人支持自杀符合逻辑的论点 • 制造氦氖激光器
评价	• 评估依据数据和统计分析得出结论的有效性 • 用证据批判性地分析一部小说以支持某一评论 • 基于最近的公司绩效和项目价值推荐股票投资

以上着重考察了认知领域的教学目标，这些教学目标相对来说在教学中被教师广泛使用。除了认知领域，布卢姆还与克拉斯沃尔（Krathwohl）、马西亚（Masia）等人合作提出了情感领域目标分类法，它针对的是人们感性地处理事物的方式，如感觉、价值观、感激、热情、动机和态度等，分为接受、回应、价值判断、（价值观念的）组织和价值观念的个性化五个类型。这五类情感目标表现为一个渐进的层级过程：从愿意做某事、参与做某事、接受和偏爱某种价值观念、价值观念的内化至信念和完整的个性的形成。

尽管布卢姆本人没有参与动作技能领域目标分类学的制定，但在认知领域和情感领域目标分类学的影响下，出现了很多动作技能分类。辛普森的分类在教育领域中（如实验课、体育课、职业培训、军事训练、音乐课、美术课）被广为使用。他将动作技能分为七类：知觉、准备、指导的反应、机械练习、复杂的外显反应、适应、创造。在这一分类目标中，从最低层次的感官注意和准备开始，经历在他人或自我指导下经反复练习而逐渐能够表现复杂的动作行为，最后达成动作的熟练和动作类型的创造。

（二）加涅的五种学习成果框架

美国当代教育心理学家加涅提出了五种学习成果，即智力技能、认知策略、言语信息、态度和动作技能，如表 1-2 所示。智力技能意味着获得做某事的能力，一般来说，这类学习被称为程序性知识，包括辨别、概念（具体概念和定义性概念）、规则与原理以及问题解决四个类型。认知策略是支配个体自身的学习、记忆和思维行为的能力，即学会如何学习和学会如何思维。认知策略包含特定知识领域（如几何和诗歌）的认知策略和更一般的认知策略，而后者有时被称为执行性的或元认知策略，它独立于特定知识领域，其功能是支配其他策略的使用，普遍运用于信息加工过程。言语信息是"知道什么"或"陈述性知识"，即能用言语陈述的事实、概括性知识和有组织的知识。态度是指习得的影响个人对特定对象做出行为选择的内部组织状态（情感、态度、价值观）。动作技能是指执行身体运动的行为表现，如绘图、操作设备、唱歌、打拳、舞蹈等。

表 1-2 加涅学习成果分类框架

性能	性能动词	例子
智慧技能		
辨别	区分	通过比较来区分法语中的 u 和 ou 的发音
具体概念	识别	通过命名来识别代表性植物的根、茎、叶
定义性概念	分类	通过写出定义来对概念族系进行分类
规则	演示	通过写出解例题的所有步骤来演示正负数加法
高级规则（问题解决）	生成	以书面形式生成一份商业计划，包括对投资回报的估计
认知策略	采用	通过解释所使用的策略，采用想象美国地图的策略来回忆各州州名
言语信息	陈述	以口头形式陈述 1932 年总统竞选的主要问题
动作技能	执行	通过倒车执行将小轿车开进车行道的任务
态度	选择	通过打高尔夫球证实选择打高尔夫球作为一项休闲活动

与布卢姆教育目标颇为庞大的认知、情感和动作技能的分类框架不同的是，加涅把认知、情感和动作技能各个方面整合在一个框架内，具有更为简洁的特点。若从认知目标进行比较，那么在加涅的框架中言语信息相当于布卢姆认知目标中的知识，而认知策略和智

力技能中的各个方面则与布卢姆认知目标存在很多相通之处。换言之，布卢姆认知目标中的综合、应用、分析和评价跨越了加涅的多种学习领域，如表 1-3 所示。

表 1-3　布卢姆的分类与加涅的学习类型的比较（限于认知领域）

布卢姆	加涅	布卢姆	加涅
评价	认知策略、问题解决、规则应用	应用	规则应用
综合	问题解决	理解	定义性概念、具体概念与辨别
分析	规则应用	知识	言语信息

（三）芬克的有意义学习分类法

芬克（Fink）提出了一个有意义的学习分类法，这一分类法在高等教育领域有着非常广泛的影响力。芬克认为，高等教育所涉及的个人和机构所表达的一些新的、重要的学习需求，如学会学习、领导才能和人际交往技巧、道德、沟通技巧、品质、宽容和应变能力等。超越了布卢姆的认知领域分类法，甚至超越了认知领域本身。为此，芬克创造了一个新的分类法，把它命名为有意义学习分类法。在芬克看来，有意义学习在过程上意味着学生学习投入和课堂充满活力，在学习结果上意味着课程给学生带来真正有意义的变化并具有生活价值。即课程给学生带来的有意义的变化在课程结束甚至在学生毕业后还能持续下去，并使他们做好进入不同社会群体或者不同工作领域的准备。

芬克归纳出六类学习目标，包括基础知识、应用、综合、人文维度（了解自己、了解别人）、关心（情感、兴趣、价值观）和学会学习，如图 1-2 所示。具体而言，基础知识是指理解和记忆相关的概念、术语和观点等；应用指以不同方式运用、思考这些新知识的能力，培养一系列重要技能的机会，如批判性思维、创造性、实践性思维、管理复杂项目和各种实用技能等；综合指将不同的学科、观点、人和生活领域加以联系和融会贯通；人文维度指领悟学习某一学科的个人和社会意义，涉及领导能力、道德、品格塑造、自我定位、多元文化教育、团队精神、公民责任、为他人服务、环境道德等；关心指发展新的情感、兴趣和价值观，如对某一科目或活动的关注和兴奋程度，想成为好学生，愿意学习和养成高效能等；学会学习指学习如何成为更好的学生、如何探索和构建知识以及如何进行自主学习等。

可以看出，芬克的目标在布卢姆分类学的认知过程之外融入了大学教学的其他目标，涵盖了认知、情感和社交三个维度。而且，其目的并不是将学习类别排序，而是帮助学生认识到它们之间的内在联系和相互作用，关注学习与动机之间的相互关系。

就某一门具体的课程来说，应该怎样使用芬克的这一学习目标分类呢？芬克在他所教授的世界区域地理课程中围绕六种有意义学习制定了如下学习目标。

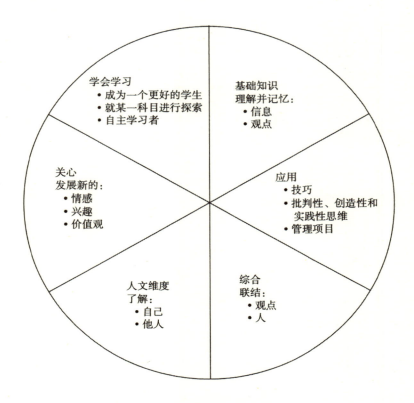

图 1-2 有意义学习的分类法

基础知识

（1）在头脑里有一个世界地图的概念，并能正确地指出重要地点的位置——国家、山脉、河流、海洋等。

（2）理解主要的地理概念——自然地理、人文地理、比例尺、人口变迁等。

应用

（1）能够从地理角度就区域问题查询信息并进行分析。

（2）能有效、快速地使用地图。

综合

能判断地理和其他领域知识之间的联系，如历史、经济、社会结构等。

人文维度

（1）能够辨别个人生活和世界其他区域之间通过互动而进行的影响和被影响的方式。

（2）能够智慧地与别人讨论全球事务以及地理对这些事务产生的影响。

关心

对世界其他地区感兴趣，通过阅读、电视、因特网和旅行来继续了解这些地区。

学会学习

（1）能够解释将来获得的信息及观点的地理意义。

（2）熟悉众多常见的地理杂志以及其他获取世界各地区有关知识的资源。

（3）比较具体的知道自己还想了解哪些地区的知识。

二、教学目标的叙写

以上分类法和指南是大学教师阐述教学目标时值得参考的有用工具。教师设计的课程与教学目标应该具体而明确地表达学习者应取得的学习成果，具有质和量的具体规定性，让不同的人有相同的理解。在课程与教学目标的叙写方面，比较流行的是对行为目标的叙写，它通常是以具体的、可操作行为的形式进行陈述，指明课程与教学结束后学生身上所发生的行为变化。随着行为目标所固有的缺陷越来越为人们所认识，一些学者提出了其他形式的课程与教学目标，其中生成性目标和表现性目标影响较大。生成性目标是指在教学情境中随着教学过程的展开而自然生成的目标。表现性目标是指每一个学生在具体教育情境的种种"际遇"中所产生的个性化表现。一般来说，有关基础知识和基本能力的培养，行为目标比较合适，有关鼓励批判性思维、个性化和创造性的培养，生成性目标和表现性目标则比较合适。

为精确而清晰地陈述目标，美国著名课程论专家泰勒（Tyler）建议使用由"行为"和"内容"构成的二维模式，例如，（行为）写出（内容）加涅学习成果框架的基本内容。

后来的研究者提出，教学目标的描述不只是限于列出内容与行为，重点应放在学习者行为或能力的变化上。例如，以研究行为目标而著名的马杰（Mager）提出，一个完整的教学目标应该包括三个基本要素：行为、条件（或情境）和标准。按照这个三要素模式，一个完整的教学目标可以表述为："（条件）以教师指定的阅读材料为基础，（行为）学生能对两种以上文化进行比较，（标准）至少列举每种文化的五个特征，并用实例说明。"

后来研究者在马杰的三要素基础上，建议加上教学对象或主体的描述，这样一个规范的学习目标就包括四个要素。为便于记忆，把它称为 ABCD 模式，即行为主体（Audience）、行为动词（Behavior）、行为条件（Condition）、标准或表现程度（Degree）。按照 ABCD 模式，一个完整的教学目标可以表述为："（行为条件）以观赏《公平与正义》视频公开课第一讲为基础，（行为主体）学生（表现程度）能在 15 分钟内（行为动词）写出以学生为中心的教学的基本特征。"

除了 ABCD 模式，加涅等人还提出了目标的五种成分模式：情境或条件、学习类型（"习得性能"的动词，区分了学习类型）、行为表现的内容或对象、行为动词（可观察的行为）、适用于行为表现的工具、限制或特殊条件。

需要指出的是，在实际教学实践中，尽管教师不必完全按照上述的教学目标叙写模式，但是为了清晰而明确地表达课程教学目标，在叙写教学目标时最好包括一项可观察的行为以及该行为发生的条件和行为水准，或至少应该包括行为和内容两个方面，如此，才有可能避免笼统和模糊之嫌，不会导致学生对学习目标的理解和达成失去方向。

教师需要使用简明确切的语言来说明教学目标。教学目标阐述得越是明白，课程设计工作以及对学生完成规定的课程教学目标情况的评价工作才会越容易。目标越是具体，它就越容易测量。在课程教学中，部分教师常使用比较抽象的词汇用于编写目标，如了解、理解、欣赏、掌握、喜爱、相信等，但这些词汇并不是让人容易理解的词。而以下一些词汇，如写出、叙述、辨别、分类、解决、构思、建立、比较、对比等，都是能够让人明确理解的词，它们具有可操作性而且是可以观察的。为避免目标的编写过于抽象和不明确，一个可行的方法是，让教师自己扮演与学生对话的角色，学生向教师可能提出这样的问题："如果我是你的学生，那么我要做些什么才能让你相信在学完某一篇课文、一个单元或一门课程后，我达到了你期望我达到的要求？"这样的思路有助于制定出可测量的和质量更高的学习成果目标。

为更好地让学生实现学习目标，教师还需要对学习过程进行设计。开发学生学习成果的逻辑序列是：首先制定期末或最终成果目标，然后逆向推导，学生要取得最终成果，必须具备何种技能，阶段性成果有哪些。例如，如果教师想要学生能够在学期末完成一篇调研报告，那么他们需要一步步预先做好其他几件事，如设计研究问题或假设、论证研究意义、撰写文献综述、设计研究计划、搜集资料、整理资料、撰写报告等。

第二节　高校课程内容与教学方法设计

一、课程内容的选择与组织

在制订好学习成果目标之后，就可以开始选择有助于学生取得学习成果合适的课程内容。选择和限定符合学习成果的课程内容时，可以参考优秀教材的目录、其他教师的课程大纲以获得帮助。

首先，需要限定课程内容。教师在选择课程内容时，要考虑以下因素：这项主题内容对学生来说是重要的吗？有趣吗？这项主题内容是最大限度地联系其他主题的综合性主题吗？这项主题内容是经典或经久性主题吗？这项主题内容是前沿性知识内容吗？为此，教师在把所有主题都列入初步的目录后，要进一步区别必须掌握的内容和可选择的附加内容，强调核心概念和基本原理，为学生提供一个包含主要观点和客观知识的概念性框架。

设计课程有类似计划一次长途旅行。课程主题如果过多、过细（恰如负重的旅行一般），那么它对学生学习没有好处。对于老教师而言，每一轮的教学都要不断更新课程知识，把当前国内外最新研究成果和学术界比较关心的热点、难点和疑点问题融进主题教学之中；此外，在对前沿知识融会贯通地整理和把握中，要提出或设计有质量的、切合教学实际和可能的、具有研究性和探索性的问题。对于新教师而言，要学会将某些无关紧要的主题删除，避免试图将太多的内容堆积到一门课程里。

其次，将每一个主题的课程内容分配到每一节课。一节课上要点的选择是非常重要的。有关研究表明，无论学生上什么课程，他们在一堂 50 分钟的课堂上仅能吸收 3～4 个要点，而在一堂 75 分钟的课上也只能吸收 4～5 个要点。在教学实践中一个比较常见的现象是，教师虽然在理论上是赞成重点阐述基本要点的，但在实际教学中又常常热衷于对内容的覆盖和对细枝末节的滔滔不绝。如果教师讲课内容过多，那么势必造成讲课仓促，对每一点内容的讲解都很肤浅，而且学生也会十分紧张，随之而来的是提问或让学生专心思考的时间也会被挤掉。最关键的是，一次讲课中的内容太多反而会减少学生学习的量，增加学生的认知负荷量。

二、教学材料的选择与确定

在选定课程内容之后，就要开始选择符合教学目标和课程内容的教学材料。由于没有哪一本教材能充分合理的符合教学目标并涉及所有主要的课程内容，所以教师需要使用多种资源的课程包，包括有关论文、研究报告、书籍章节、视频、时事短讯和各种其他应用性材料。选择恰当的教学材料，就可以依靠学生通过阅读来掌握所教的基本内容和构成，从而能够较为从容地安排多样化的课堂教学。

选择的书籍或阅读材料要尽可能的与教师讲授的观点保持一致，否则会令学生感到困惑。教师可以组织学生复印、购买或下载电子版课程包等。如果有很多材料适用于课程目标，那么教师可以从以下几个方面进行选择：内容的精确性和时代感如何；内容的连贯性和明确性如何；难度如何；对学生而言的趣味性如何；成本如何；是否便于携带和阅读。在选择材料方面，教师应具有深厚的专业修养，时刻关注本课程的发展前沿和方向，不断地充实与更新教材，并讲解该门课程必要的研究方法。

三、选择合适的教学方法和活动

教学目标指导教学方法的选择。例如，如果教学目标是传授知识信息，那么讲座和自主学习就可能成为课程的典型教学形式；如果教学重点定位于问题解决、批判性思维或其他更为复杂的目标，那么教学就要以实验室、小组活动和实践活动为主；如果要发展学生的表达能力，就要考虑让学生进行口头陈述活动；如果计划发展学生的人际能力，就应规划学生进行小组学习活动。

为每堂课选择合适的教学方法，涉及教师的教学观、能力、所教的班级、教学目标和技术手段等。教师不要问自己每节课将做些什么，而应该问学生要做些什么活动。教师需要针对每一个主题确定采用哪种活动类型，如小组讨论、独立学习、课堂写作、模拟活动、辩论、案例分析、角色扮演、演示、测试等。教师尤其要设计好课堂讲授的比例，尽可能实现教师讲授与学生课堂活动的完美结合。

教师也可以设计采用翻转课堂模式来实施以学生为中心的教学。作为信息技术与学习理论深度融合的典范，翻转课堂的大体做法是，学生在课前进行自定步调的学习（观看视频讲座或阅读文献），课堂时间则用来深化概念和参与合作性的问题解决。这种模式将"学习时间"进行重新规划和设计，通过对知识传授和知识内化的颠倒安排，改变了传统教学中的师生角色，实现了"先学后教"和对传统教学模式的革新。从教学方法看，教师课堂教学是为了促进学生主动学习，关注课堂面对面环境下的概念探究、意义建构和知识应用。在翻转课堂模式中，培养学生在课前自主学习的能力和习惯非常关键。教师需要综合考虑各种条件（如学生可用的课前学习时间、学生总的课业学习负担等）来设计学生课前学习的量。

四、设计课外活动、任务与作业

教师进行课程设计时，通常是考虑课堂中发生的事，而学生的学习大多发生在课堂以外。规划学生的课外活动、任务和作业的重要性丝毫不逊色于规划教师如何进行讲授。课后活动的设计直接与学生应在教师所教的一门课中投入多少时间有关。一般来说，在大多数课程教学中，学生用于课外学习的时间至少应与他们的课内学习时间持平。

针对某一课程内容的活动、任务与作业等应当与学习目标或学习成果相匹配。为此，教师需要从最终成果逆向推理，设计让学生实施阶段性成果的作业和测试等。例如，如果希望学生能够在本学期的某一周写一篇论文、解决某类问题、围绕某一主题进行辩论，那么就需要给他们提供类似练习的课堂或课外的活动、任务和作业。教师除了要关注活动、任务与作业等能够导向学习目标或成果，还要向学生清晰呈现各种活动、任务与作业的评价标准。

值得注意的是，以上这些设计要素之间是彼此一致和相互支持的统一整体。图1-3所示的新生"自由意志和决定论"研究课程成果组织图，不仅显示了学习成果之间的相互关系，而且提出了有助于学生取得具体成果和评价他们进步的活动和作业的策略，这些活动和作业都列在每一项成果后面的括号里，且规定了时间，它们包括论文、阅读作业、课堂和在线讨论、日志、模拟、学习问题和课堂写作练习等。尽管它没有提供每一堂课的课程时间表，但是为制定课程时间表和给出详细的活动与作业说明提供了一个大概的纲要。

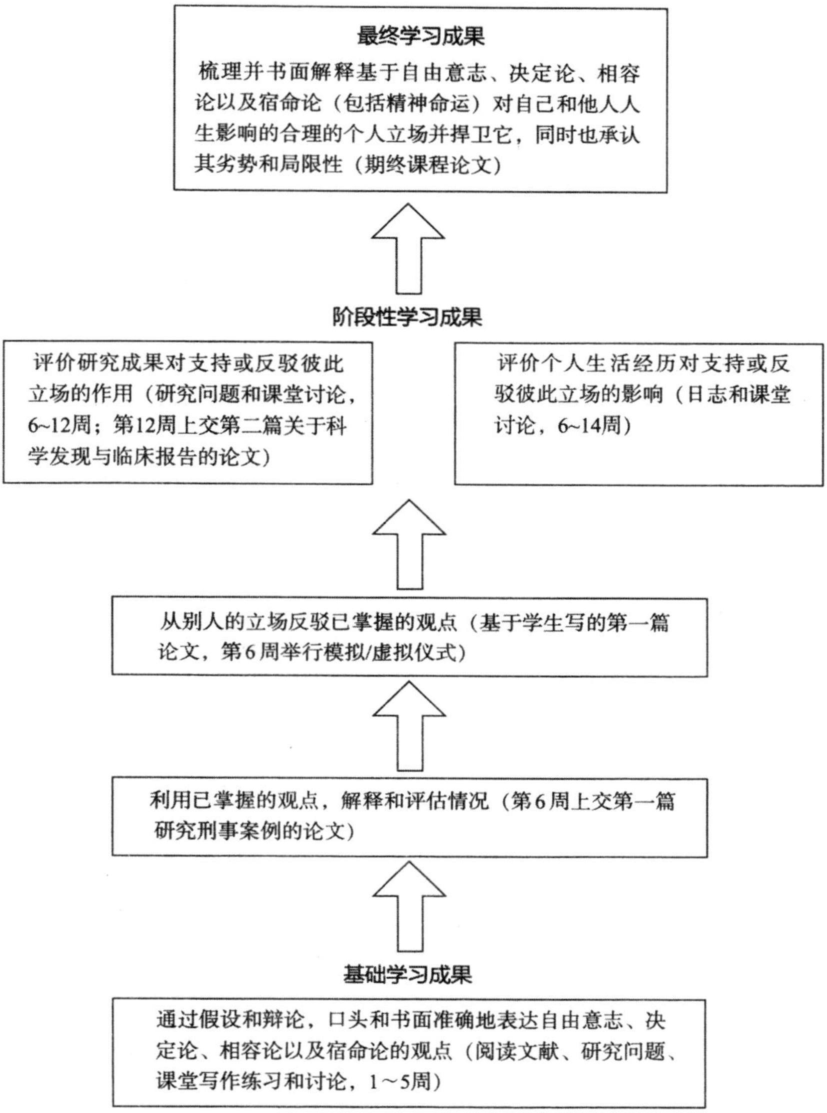

最终学习成果

梳理并书面解释基于自由意志、决定论、相容论以及宿命论（包括精神命运）对自己和他人人生影响的合理的个人立场并捍卫它，同时也承认其劣势和局限性（期终课程论文）

阶段性学习成果

| 评价研究成果对支持或反驳彼此立场的作用（研究问题和课堂讨论，6~12周；第12周上交第二篇关于科学发现与临床报告的论文） | 评价个人生活经历对支持或反驳彼此立场的影响（日志和课堂讨论，6~14周） |

从别人的立场反驳已掌握的观点（基于学生写的第一篇论文，第6周举行模拟/虚拟仪式）

利用已掌握的观点，解释和评估情况（第6周上交第一篇研究刑事案例的论文）

基础学习成果

通过假设和辩论，口头和书面准确地表达自由意志、决定论、相容论以及宿命论的观点（阅读文献、研究问题、课堂写作练习和讨论，1~5周）

图 1 - 3　新生"自由意志和决定论"研究课程成果组织图

第三节 课程大纲的设计方法研究

一旦有了合理的课程设计，课程大纲就自然形成了。课程大纲在一定程度上确立了课程的基调。一份以学生为中心的课程大纲关注学生的学习需要和学习过程，是学生实现有效学习的重要学习工具。

一、为什么课程大纲是重要的

课程大纲是课程学习计划的简明纲要，是学生学习课程知识的路线图和学习指南。课程大纲虽然通常只有几页，但其所能发挥的作用却非常重要。

有一项研究指出，一份写得好的课程大纲能够带来如下好处：建立学生和教师之间的联系；为课程定好基调；描述教师对学习、教学与评价的信念；让学生熟悉课程结构；包含讲义或详细的任务描述；定义学生为了成功完成课程在该课程上的职责；帮助学生确定他们对课程的准备；陈述这一门课程如何满足课程培养方案；描述可用的学习资源；表达课程的技术要求；包含很难获得的阅读材料；描述有效的学生学习习惯；包括支持课外学习的材料；当作一份学习合同。

还有研究指出，一份适用的课程大纲一定能恰如其分地反映教师教学和学生学习的状况，它能清楚地表明教师了解学生的程度，因为学生厌恶被突如其来的任务吓一跳，厌恶教师在最后一分钟布置作业，所以他们非常喜欢组织严谨、架构清晰的课程大纲，良好的大纲可以让他们提早做出随后几个月的计划，同时也表明教师对学生以及这门课程的尊重。

课程大纲是教师和学生在课程开始时的第一个联系，它在一定程度上确立了课程的基调。详细的课程大纲对学生来说是一个很有价值的学习工具。在一定意义上，大纲包含的材料宁多勿少，因为一般来说，大纲包含的内容越多，教师授课时要临时补充或决定的材料就越少，要回答学生的问题就越少，可以最大限度地减少学生对作业期限、评分标准以及其他课程政策的误解，减少他们最初对课程的焦虑。如果课程大纲包含详细的任务和用以区分学生学习质量的标准，那么整个课程都能够节省时间。课程大纲有助于学生在上课开始就获悉教师对他们的要求，给他们已掌握自己的学习状况的安全感。

从学生的视角看，课程大纲是非常必要的，有一项研究就对此讲述了一个耐人寻味的故事。

在上"民俗学引论"课的第一天，主讲教师首先给学生几分钟的时间阅读课程大纲，并提出稍后进行讨论以及回答学生可能提出的问题。在学生们看来，课程大纲就像是餐馆里的菜单，他们急于想知道他们自己是否会喜欢这家餐馆里供应的食物，或者是否有必要走到街对面去换一家餐馆。普鲁是一名英语专业的学生，她的兴趣是民俗研究，她非常想了解民俗物件的收集过程，因为这有助于她所做的项目。然而，当看到这门课程的课程大纲时，她失望了。与她在其他课程中所看到的课程大纲相比，这个课程大纲只是一个框架，并没有包含关于课程内容的任何细节。她不知道授课教师是否会在某一个她并不是很感兴趣的民俗内容上花费更多的时间。如果课程大纲上能详细介绍课程内容的话，那么她至少会有时间去重新评价它；如果课程内容不能满足她的需求，那么她还可以换到另一门课程。现在，她只能猜测课程内容。在她看来，如果说课程大纲像一份菜单的话，那眼前的这个课程大纲一定是用褪色的墨水书写的！

由此可见，教师需要准备一份详细的课程大纲，让学生明了该课程的概念性框架、逻辑关系和组织结构。事实上，一份内容充实的课程大纲也向学生表明了教师对待课程教学的认真态度。教师一定要提前规划好课程时间表，包括所有任务、考试和假期的时间，思考如何切实可行地作出取舍，以在规定的时间、地点、学生和资源条件下达成最为重要的学习目标。而且，还需要格外注意分散整个学期的任务和考试，以避免让学生因任务超载而疲于应付。

二、以学习为中心的课程大纲的组成部分

按照以学生为中心的教学理念来设计课程大纲，使以学生为中心的教学理念得以落实，这份大纲便也成为一份以学生为中心的课程大纲。如果一定要对以学生为中心的课程大纲做出界定的话，可以简单地说，以学生为中心的课程大纲注重学生的需要和他们的学习过程，大纲中教师需要详述能够帮助学生成功学好课程的信息。一个以学生为中心的课程大纲，是围绕着什么样的信息能够帮助学生学好这门课程这一问题而制订的。有学者指出，"如果大纲是精心制订出来的，那么教师对学生需求和兴趣的理解、有关学习本质和教育本质的观念与设想、有关课程内容和结构的价值观和兴趣等因素就会交织其中并得到展示"。在一定意义上，学生越是明白教师期望他们在课程结束后能够做什么，他们就越能明白自己的角色并能判断自己课程学习成果的标准，也就越能减少受挫感和失望感，课程的学习成果也就越好。

应该说，课程大纲虽然没有标准的样式或模式，但大体包括的内容是：提供基本信息；描述学习该课程必需的条件；对课程目标进行综述；提供课程日历和时间表（按日期排列的主题）；描述课程教学形式和教学活动；具体说明教材和阅读材料的作者和版本；列出要布置的作业、学期论文和考试；说明如何对学生学业成绩进行评定；列出其他课程要求，如组成小组学习；说明课程政策，如有关出勤、迟交作业、缺考、补考、加分、延

期申请、病假、作弊和剽窃等政策；列出补充材料，如课程涉及的专业术语表、如何学习的建议、可看的视频讲座等信息。

（一）课程的基本信息

课程的基本信息包含课程名称、课时数、授课时间和地点、学分、课程信箱、课程QQ群或微信群、课程管理系统中的文件名和位置等基本信息。

（二）教师的信息

教师姓名、职称、办公时间和地点、电话、邮箱地址和个人网页等。

（三）课程目标

课程目标描述课程结束时预期的学生学习成果，包含了认知、情感以及过程和方法等维度。

（四）教师的教学方法或教学理念说明

教学理念是教师对教育的责任、对学生的期望、对学生学习方式的理解、对师生之间共同的看法、想要与学生建立什么样的亲密关系、喜欢采用的教学和评价方式等说明。

（五）课程日历表

课程大纲的核心是具体教学时间的课程日历表，包含主题、课堂活动和形式（包括讲座、特邀发言人、课堂讨论、小组作业、演示、案例分析、实地考察、角色扮演、模拟、游戏、辩论、专题讨论会、视频、计算机作业和复习等）、随堂测试和考试日期，所有阅读作业、书面作业、论文和项目上交的截止日期。在细目主题下，可以列出有关作业及其完成日期的安排。

（六）参考书和阅读材料清单

参考书和阅读材料清单，如著作、期刊论文、课堂作业包和网上资料等，这些资料要明确标明哪些是必读的，哪些是选读的。

（七）计入课程成绩的课程要求和标准

学生的所作所为深受他们预期的学习评价方式的影响。详细列出所有纳入总分的作业的分值，如课堂和课外作业、出勤率、讨论、随堂测试、考试、论文、课堂展示、项目等等。尤其需要对书面作业、项目和口头报告等给出具体的评价标准。

（八）不计入课程成绩的其他课程要求

如果希望学生参加课堂讨论，则必须事先通知他们。如果为了了解学生对课堂内容的理解程度，想组织不计入课程成绩的随堂小考，那么在学期一开始就要公布，因为与其在上课时突然宣布新规则，不如让所有学生一开始就知道教师的计划。

（九）关于缺课、补考和迟交作业等方面的课程政策

对于出勤等要求，部分教师把它归入课堂参与部分。

（十）课堂礼仪和学术话语的政策

有关课堂礼仪、学术话语的政策可以用来规范学生行为，有效地防止破坏课堂、人身攻击和其他不礼貌行为等。

以上便是对课程大纲的一个简要说明。在上第一次课时，教师最好发放给全班学生详细的课程大纲，并鼓励学生阅读课程大纲，或师生共同对大纲内容进行讨论，以明确即将开始的旅程：让学生直接感知该课程要讲些什么，希望他们做些什么，对他们的表现会怎样评价，教师打算如何利用上课时间，学生在这门课程上该如何预习和学习，他们应该花多长时间学习这门课程等。在一定意义上，课程大纲就是与学生进行交流的产物。所以在第一堂课上，教师也可以征询学生对课程的期望性意见，如完成简要的学生问卷：你对本门课程有什么期望？有什么学习目标？你对本门课程知道多少？在询问之后，教师可以介绍暂定课程大纲的大体内容，或在下次上课时把融入了学生意见的正式大纲发给每个学生。

第二章　高校教育教学管理理论与模式

本章主要通过高校教育教学管理的内容及本质、高校教育教学管理的原则及指导思想、高校教育教学管理的重点、高校教育教学管理的意义和高校教育教学管理模式的分类等五方面来进行相关阐述。

第一节　高校教育教学管理的内容及本质

一、教学管理的组织系统

教学管理组织系统是教学管理群体为共同目标的达成，利用权责分配，层级统属关系与团队精神构成的，可以实现自我发展与调节的社会系统，用于解决如何管理的问题。管理体制是指组织机构安排，隶属关系与权责规划等组织制度体系化建设。要想充分发挥教学管理组织功能，就要从根本上优化管理体制，促进组织结构的科学合理建设。管理系统属于结构性关系组织，是组织成员彼此行为关系构成的一个行为系统，更是一个随时代变迁而调整适应的生态化组织，更是成员角色关系网。教学管理组织建设的根本目的是要构建全面科学的教学管理系统，构建质量管理系统与运行机制，更好的为广大师生以及教育教学工作提供助力。教学管理系统关注的是过程管理纵向系列与横向系列整合。纵向系列指学校、二级学院（部）、教学系部和教研室；横向系列有教务部门、科研部门、学生管理部门、人事部门、政工部门、后勤保障部门等；要促进教学目标的达成，培育出更多优秀人才，必须确保两个系列进行有效协调。

高校要构建教学管理组织系统，保证该系统工作可以顺利高效的开展，灵活创新的运行，一定要打造高素质的教学管理队伍，明确机构设置，确定岗位责任。

二、教学管理的本质

从本质角度上进行分析，教学管理是在高等学校系统中，以教学子系统为研究的管理对象，组织应用有限资源，科学安排教学过程，优化资源配置，提升教学效益。

三、教学管理的基本任务和职能

从基本任务上看，教学管理需要严格遵照教育教学规律，搞好教学管理系统规划，运用现代科技和现代化管理方法对所有教学活动实施动态和目标性管理。与此同时，强调发挥管理协调的巨大价值，调动各方参与的主动性，确保人才培养进程当中教学任务顺利完成。

教学管理职能主要是"决策、规划、组织、指导、控制、协调、评估、激励、研究、创新"，这些职能之间有交集，同时也有着密切的内部关联，共同构成了一个有机整体。

四、教学管理内容体系

做好教学管理，提升管理质量，其核心在于管理者清楚知道要管的内容，重点管的内容以及如何能够管理好。教学管理本身是一个整体，教学管理内容体系，从多元化角度出发进行体系框架的表现。就教学管理，业务科学体系而言，可以归纳成为四项，分别是教学计划、教学运行、教学质量管理与评价、教学基本建设管理这几个部分。如果将教学管理职能作为划分标准的话，包含控制协调、评估激励、研究创新、决策规划、组织指导。从教学管理层次与高度层面上进行分析，涵盖教学改革、教学建设与日常管理这几个部分。

（一）教学计划管理

《人才培养方案》是学校为了提升教育教学质量，确保培养规范的关键性文件，是安排教学活动，设置教学任务，维护有序，教学编制的依据所在。教学计划是在国家教育部宏观指引之下，由学校组织专家自主制订完成的，所以每个学校拥有很高的自主权。教学计划在确定之后必须全面贯彻落实。教学计划管理核心在于合理设计人才培养蓝图，要求学校在企业中注入极大精力，开展基本调查研究，尤其是获知新的教育观点、教学内容、培养模式等方面。需要将学校本学科专业的学术教学带头人、骨干教师先进行课程结构体系的研究。只有保证课程结构体系的优化与全面，将人才培养的总体规划进行有效定位，才能够为优秀毕业生的培育奠定坚实基础。其中特别要注意，在制订了教学计划后，必须严格贯彻，切忌随意散乱。

（二）教学运行管理

教学管理基本在于利用规范化管理确保教育教学活动顺利有序的运转，提升教学水平。教学运行管理是围绕教学计划落实开展的教学过程与有关辅助工作的组织管理。教学过程指的是学生受教师引导下的认知过程，还是学生利用接受教学活动的方式，收获综合发展能力的过程。高校教学过程在组织管理方面的特征，最为明显的是：第一，大学生学习自主性与探究性特征明显。第二，坚实基础学科教育根基上的专业教育拓展。第三，教学科研不断整合。以这些特点作为重要根据，教学过程组织管理，特别要做好课程大纲的设置、设计组织管理内容、程序、规范要求等，以便对教学过程进行检验。

（三）教学行政管理

教学行政管理是学校、二级学院、教学系部等教学管理部门结合教育规律与学校规章行使管理方面的职权，对教学活动与有关辅助工作实施科学化组织、指挥、协调调度，确保教学稳定持续运转的协调过程。

（四）教学质量管理与评价

教学质量这个概念具有很强的综合性，判断教学质量水平指标应涵盖教学、学习与管理质量的综合性指标，才能够得到客观准确的评估。教学质量是不断渐进累积的产物，是动态与静态管理整合形成的，所以要关注动态与过程管理，实现过程与结果的统一。革新教育思想，提升教学水平，是做好教学质量管理的基础前提。要做好质量监控，设计全程质量管理，构建与校情相适应的质量监控体系与运行机制，首先必须对质量监控概念、要素、组织体系等进行梳理，认真研究质量监控与保障的全部有关问题。

第二节　高校教育教学管理的原则及指导思想

一、高校学生管理的理论根据和指导思想

管理科学化在提升管理效率与教育质量方面意义重大。管理科学化的实现，依赖于与客观实际相符的，人性化与规范化管理制度，而以上所有均离不开科学化管理思想。科学化的管理思想总共有三个层次，分别是认知理论的管理思想、管理遵照的基本原则与实践中运用的方法。

（一）管理思想

管理思想是关于管理的观点、理论或观念，是管理理论与实践整合与人头脑的一种反应。管理思想能够对管理实践以及重要指导作用，思想是行动的先导。管理思想会伴随社会和管理实践的产生、发展与变化而发生改变。古代朴素管理在四大文明古国等国家当中

非常兴盛。公元前 2000 多年，古巴比伦《汉穆拉比法典》这个重要的法典就体现出了远古法规管理的思想。我国在公元前 1100 多年诞生了经济管理思想，在这之后又有人治、法治等管理思想产生。到了 19 世纪的后期，受机器大生产的影响，欧洲产生了过程管理、古典科学管理思想等。20 世纪的 60 年代之后，产生了大量管理学派，促进了管理思想的繁荣。

高校学生管理是教育管理的重要组成部分，管理思想应该和教育管理思想一致，均为复杂综合的重要理论课题，也应确定理论前提，与一定的思想理论进行紧密关联，以便确定基本方向。站在哲学的角度进行分析，高校学生管理思想主要包括：

1. 运用相互联系的管理思想

高校学生管理属于社会现象，具有很强的综合性与复杂性。假如站在宏观角度上研究的话，高校和社会、家庭乃至于整个时代都是存在密切关联的，广大高校学生也不是孤立和隔绝于世的，因此高校学生管理会涉及社会、家庭，影响时代的同时也受时代影响或制约。

站在微观角度上进行分析，高校学生管理的各个要素之间，存在着彼此联系与制约的关系。比方说管理和教育间的关系，管理和服务间的关系等都互相影响与制约。

2. 运用动态平衡的管理思想

管理是一个系统性过程，该过程处在持续不断的发展变化过程中，不单单会受政治、经济、文化等诸多要素的影响，还受高校本身诸多因素的影响。所有都处在不断变化的过程中，管理工作也是如此，为在发展过程中不断完善与进步。另外，被管理者以及被管理者的思想行为、人格等也会在学生管理过程当中发展完善。因而将动态平衡管理理念应用到管理实践当中，就要用哲学当中发展的观点，做到与时俱进，立足现实，着眼未来，探究新情况，解决新问题。

3. 运用对立统一的管理思想

高校学生管理实践活动当中包含着多元化的矛盾关系，因而要借助对立统一的管理思想，处理问题与矛盾。例如，管理者和管理对象间存在着矛盾，要用对立统一思想指导管理实践。

4. 运用实践探索的管理思想

实践是检验真理唯一标准，而实践又是获取正确认识的主要来源。高校学生管理具有极强的实践性，同时对操作性能提出了极高的要求。所以在推进高校学生管理时，必须树立实践意识，培养探究创造的勇气，在实践当中把经验抽象为理论，以便更好地指导学生管理实践。不断反复以至无穷，促进学生管理全面进步。

（二）指导思想

在对我国高校学生管理进行指导思想研究的过程中，需要特别注意运用以下观点与思想：

第一，坚持马克思主义中有关于人全面发展的理论，培育"四有"人才是社会主义大学教育根本任务所在。想要保证研究工作质量，首先一定要明确给谁培养人才和培养怎样的人才这样的问题。我国社会主义大学的性质决定高校培育出的人才要具备扎实科学文化知识与健康的身体素质，要有极高社会主义觉悟。要严格根据马克思主义人全面发展教育思想，推动教育发展。马克思主义教育思想和些许有关于人全面发展的学说，是有效培育德智体美劳全面进步的优秀中国特色社会主义事业建设者与接班人最重要的教育方针，也是马克思主义理论精华具体应用的表现。我们要把培养全面发展的"四有"人才作为教育根本任务和落脚点。

第二，运用马克思主义有关于辩证唯物主义的理论用对立统一观点对高校学生管理工作进行引导，在管理实践当中贯彻整体观念。马克思主义辩证唯物主义哲学是所有社会与自然科学的理论根基。马克思主义方法论与认识论渗透在全部社会与自然科学中，因而必然渗透在高校学生管理中。要利用对立统一观点，明确管理整体观念。从纵向上看，整体观念使局部与整体统一，从学生管理工作整体系统的角度上看，构成有机整体的每个部分都是支系统和局部。学生管理系统整体功能最终是局部组合形式决定的，虽然局部拥有特定功能，但都应服务于系统整体目标与功能，局部要素要以整体目标为基准建立起来。从横向上看，秉持整体观念是处理局部间分工合作一致性，将各部门进行有效协调共同为培育全面发展人才的管理目标服务。

第三，利用高等教育与现代科学管理理论指导学生管理，推动管理科学化。现代治校理念要求，要运用现代科学进行学校与学生的管理。具体而言，要靠教育科学，遵照教育内外部规律办事。例如，高等教育规模是受经济基础决定的，又会反作用于经济基础。高等院校是高等教育的重要平台和有效载体，如今人才竞争激烈程度逐步增加，市场化竞争更是空前激烈，思想观念、结构、体制等多个方面都出现了一系列的改革。高校一定要把好时代脉搏，面向市场办学。高校学生管理要持续不断地进行，新情况的研究与新问题的解决，面向新时代培育复合型人才。而要靠现代管理科学理论方法完成管理活动，确保学生管理组织机构完善，管理制度健全，人员责任，岗位分工恰当，职责明确，奖罚分明，动作协调一致，管理高效。运用现代管理科学指导学生管理，主要是对基本原理进行应用，主要包括人的能动性、规律效应性、时空变化性、系统整体性的原理。在具体的管理实践当中，一定要促进组织系统化建设，决策科学化发展，方法规范化进步与手段现代化改革。

第四，继承发扬我国60多年来高校学生管理成功经验，吸收借鉴经验财富。从新中国成立60多年以来，高校学生管理实践当中累积的大量成功经验与宝贵成果是如今学生管理的财富。首先，社会主义大学要始终坚持共产党领导，走社会主义道路，这是最为基本的成功经验。所谓坚持党的领导，实际上就是利用党的方针政策路线等指导大学管理，确保大学的社会主义方向坚定，充分调动师生的热情，为培育与全面素质过硬的高级复合型人才不懈努力。之所以强调坚持社会主义方向，是因为我国大学具备社会主义性质。所有管理都要坚持党的领导，所有规章制度的制定落实，都必须始终坚持一个中心与两个基本点，就这样才能够激发管理参与者的热情，而这也是衡量管理功能与效益的基本点所在。其次，管理规范化与制度化就是将与社会主义方向相符，同时历经实践检验的、成熟民主的科学管理制度方法等用制度形式进行固定，构成工作规范，实现权责利的统一，让制度在思想性与科学性到达统一。再次，秉持理论与实际相联系的原则，面向社会实践与社会需要，确保教育和生产的整合。社会主义大学培育人才，一定要满足市场经济的需求，在思想方面拥有极高社会主义觉悟与为共产主义献身精神，在业务方面除了要具备扎实理论之外，还要具备极强的分析与解决问题的实践能力，拥有实干精神与独立性。

二、高校学生管理的原则和基本方法

原则是客观规律反映，是观察与处理问题的根本准绳。社会主义大学管理的重要原则是学生管理内在规律的体现，不是主观臆造的。在整个学生管理体系当中，管理原则地位十分关键，有承上启下的作用，为管理目标与实现目标手段搭建了桥梁，是运用有效方法推进管理实践的根本要求。管理原则与管理目标、过程、方法、制度、管理者等要素当中，存在紧密关联，同时处在指导地位。

（一）高校学生管理的基本原则

1. 学生管理工作方向性原则

管理是有目的的一种实践活动，实际管理工作一定要具备方向性。把社会主义方向作为根本准绳，是我国学生管理的本质特征。我国是社会主义国家，所以要将高校变成社会主义性质育人平台。社会性质形成了对学校性质的制约，所以决定学校所有管理活动的性质，所以高校学生管理一定要坚持党的领导，走社会主义道路，这是高校学生管理最根本和最重要原则。

2. 理论与实践相结合的原则

理论与实践相结合是高校学生管理基本准则所在。有效把握有关管理原理，掌握其精神实质，是做好学生管理的基础与前提条件。但管理原理，应用范围与实际价值会受诸多因素制约。共产党和国家在社会主义现代化建设的过程中，拥有基本教育方针政策，在不同时期会结合差异化的特征，提出具体方针政策与实际要求。这些方针政策与实际要求，应该在高校学生管理的措施方法中进行有效体现。但是学生管理科学化，还要坚持从本校实际出发，考虑学生的实际特征，制定出针对性强的方法策略。

3. 行政管理与思想教育相结合的原则

拥有共产主义思想道德，不单单要有说服教育，还必须持续不断的实施行为训练，让学校教育要求成为学生正确的行为习惯，不然教育效果是无法得到有效巩固提升的。假如规章制度以及行为规范等设置不够科学，思政教育实践就会丧失动力。行政管理在培育社会主义合格人才的进程中，作用巨大，给教育实践提供了重要的规范与纪律保障，但具体高校学生管理是借助规章制度与行为规律等科学指导与约束学生思想行为。这些制度措施以及纪律表现在社会和高校集体意识对高校学生的要求，还体现在对高校学生行为的外部限制。所以，单一借助管理制度解决高校学生群体复杂精神领域问题不实际，同时也违背了实际规律。正确管理措施的制定落实，一定要把提升学生认知能力，提高学生遵章守制自觉性当作是基础前提。自觉遵章守纪来自拥有科学正确的认知，离不开科学化的教育实践。只有利用科学合理的思政教育方式，才能够提升学生纪律执行自觉性，有效提升管理质量与效率。

4. 民主管理原则

社会主义高校学生管理体系当中一项非常关键的内容，是要对学生进行自我控制与管理能力的培养，使得学生能够在管理实践当中拥有主人翁意识，积极主动的参与管理活动，充分调动学生的主观能动性。为了保证学生自主管理的实现，一定要在学生管理当中落实民主管理原则，保证整体目标的达成。

就高校学生心理发展的特点而言，大学生正处在心理自我发现的阶段，这个阶段学生拥有非常强的支配自我与环境的意识，他们思想行为和中学阶段的学生有着非常明显的差异，特别是在独立性方面，渴望个人人格与意志得到尊重。面对高校给出的规章制度，以及纪律等方面的内容，高校学生会主动思考其合理性，通常不希望被动服从，渴望直接参与到管理当中。结合高校学生的心理特征，一定要在学生管理中发扬民主，让学生既是管理对象，又是主体。在落实民主管理原则时，特别要关注党团员学生作用的发挥，合理选拔优秀学生干部。

（二）高校学生管理的方法

高校学生管理方法是以管理原则作为有效依据，为保证学生培养目标的实现在具体管理环节运用的所有方法、步骤、途径、手段等，通常情况下有以下几种。

1. 调查研究

经常性的调查掌握和了解学生的实际情况，有效选取针对性强的处理方法。在调查研究过程当中，一定要针对调查对象、目的、方法等内容，做好科学规划，不可敷衍了事。调查过程当中，必须做到实事求是，有效运用马克思主义立场、观点、方法，注重综合性的研究分析调查材料与调查事物。

2. 建立规章制度

在高校学生管理发展的建设当中，应该逐步建立科学化的管理制度体系，这是确保学生管理工作有据可循的基础。制度建设一定要与高校学生身心特征相符，同时要与整个的教育规律与学生管理目标相适应。与此同时，制度伴随教育改革进步，持续不断地进行完善，同时要维持相对稳定性。

3. 实施行政权限

结合学生管理目标、内容等制定规章制度与相关的行为规范，利用行政方法实施有效管理，通过有关管理部门与师生、员工共同监督检查的方式，促使学生集体或个人与管理目标相符。行政方法通常有惩治和褒扬这两种。在具体的管理过程当中，针对能够认真遵守相关管理制度，思想行为都与制定规范相辅的个人与集体，应该大力褒扬赞赏；对于违规违纪，思想行为不符合管理要求的个人与集体要给出限制措施，同时要用严格制度惩治行为极度恶劣者。

4. 适当运用经济手段

经济手段实际上是补充行政方法的一个策略。在具体的学生管理环节，给予必要物质奖励，或者是物质上的惩罚，指的就是经济手段。选用经济手段并不表明行政方法难以确保管理工作的有效实施，是因为经济手段会直接触及学生物质利益，所以能够发挥极大的作用，而这个作用是行政方法无法代替的。在选用经济手段实施学生管理工作时，不能只关注经济手段奖惩，而忽略日常教育指导与行政管理。也不能只注重经济手段奖励优秀学生，忽略用同样手段处罚违纪学生。更不能只关注处罚而忽略奖励，否则会直接影响到经济手段作用的发挥。

第三节　高校教育教学管理的重点

一、教学管理的特点

教学管理在高校管理实践当中占据不可替代的地位，同时管理活动带有明显的特殊性，这也决定了教学管理有以下几个明显特点：

（一）教学管理的能动性

能动性是教学管理的一个显著特点，此处指的是人的主观能动性。教学管理主要对象是师生，是否可以有效调动师生积极性，是衡量教学管理质量的关键标准。在整个教学管理体系当中，师生拥有双重身份。教师在对学生进行教学指导时扮演的是管理者角色，而教师在作为高校教育教学执行者时，属于管理对象。学生是学校与教师的管理对象，同时是自身学习的自我管理者。不管师生扮演着怎样的角色，承担着如何的身份，都有主观能动性。

（二）教学管理的动态性

动态性指的是教学管理各环节均处在动态发展进程当中，比如人才培养方案，要跟随社会经济变迁而不断地更新完善，教学质量评价系统要伴随建设内容改变而更新。正是在持续不断的总结提升和动态化的协调处理当中，才让教学管理水平与质量螺旋上升。

（三）教学管理的协同性

教学管理担当的重要任务是协调学生个体与学校、教师参加集体活动时，有效发挥师生个性，推动个人与集体的协同进步。

（四）教学管理的教育性

教学管理者利用科学制定管理制度，优化管理过程，设置奖惩制度等方式，指导学生进行自我教育与管理，推动学生自我服务，最终实现育人目标。

（五）教学管理的服务性

高校中心工作在于育人，教学管理要紧紧围绕教与学，并为其提供良好的服务。树立正确的服务意识，是对教学管理者提出的根本要求。

二、教学管理队伍的结构

高等学校教育教学管理队伍由分管教学副校长、教务处全体人员、学院（系）主管教学副院长（副主任）、教学秘书（教学办全体人员）和教务员组成。教学管理人员的结构主要包括学历结构、职称结构、年龄结构、学院结构和性别结构等指标。科级以上管理人员岗位应具备硕士及硕士以上学历，博士学历占一定比例；处级岗位、教学副院长（副主任）和重要科级岗位应具备副教授以上职称，教授占较大比例；老、中、青各层次人员合理分布，教学管理队伍既要有教学管理经验丰富的中老年专家，又要有充满活力、信息技术强的青年骨干；结构上非本校人员应该占多数比例，有利于发挥不同的管理思想，承担重要岗位工作的教学管理人员应有基层教学管理工作经历。

三、教学管理的重点

（一）注重提高教学管理人员职业道德和业务能力

学校方面要切实意识到教学管理者在学校长远发展建设当中，扮演的角色和发挥的不可替代作用，有效培育其思想政治素质，使其树立事业心与责任心，始终秉持奉献精神。

教育管理者所处位置非常关键，发挥承上启下作用，担当上传下达的责任，不单单要贯彻落实上级部门给出的工作安排与文件精神，还必须协调组织教学管理活动，同时还要面对教师，处在和学生沟通互动的前沿，这样的工作定位与职责呼吁教学管理者要具备职业道德与高度责任意识。教学工作涉及范围广，内容多而复杂，很多事都要关注细节，有些事情看似很小，但实际上却关系深远。就拿传达上级文件精神来说，这样的工作年年重复，特别容易引起认知层面的麻痹大意。这件事情看似很小，但是如果在这样的事情上出现管理差错，会直接导致院部甚至全校教学秩序发生混乱，造成教育教学难以有效推进，危害极大。一位教学管理者必须要具备精诚合作的精神。高校教学管理的一个重要特征是层次化管理，既有独立，又有彼此的团结配合。只有具备团队协作精神，懂得如何合作和协调，才能够全方位处理好实际工作，做好分工，有条不紊地解决好诸多问题。其次要有极强业务素质能力。教学管理者，业务水平与能力素质是独立开展教学管理工作，有效突破实际难题，完成各项管理任务的根本。学校方面要关注教学管理者业务素质水平的提升，使其能够熟练把握，以及运用好高等教育的专业化知识，把握教学管理基本理论与专业知识，有效评估教育教学的发展形势，协调不同部门与不同因素之间的关系，推动信息的顺畅流动，革新管理策略，全面提升管理水平，从实际出发开展教育科学研究和实验活动，有效推动教育管理现代化与科学化。

（二）正确处理教学管理与教学质量的关系

教学管理是学校针对教学工作不同环节开展的管理活动，结合既定管理目标与原则对教育教学实施有效调控。教学管理各环节均与教学质量存在着密不可分的关联。教学管理涉及的内容非常广泛，从教学质量评价系统来看，包括培养方案、教学计划的制订、教学任务的安排、教学跟踪监测、信息收集、信息统计分析、质量评价等内容。与此同时，要特别注意结合反馈信息以及评估获得的结果进行教学计划的革新调控。每一项具体工作又会包括很多不同的方面。教学管理一定要紧紧围绕全面提升教学质量这个中心工作实施，高校应该全面革新与健全教学管理体制，积极建立有助于新型人才培养的教学管理制度。

（三）正确处理教学管理人员与教师教学任务的关系

教学管理者与教师共同担当着教育使命，前者以整合利用教育资源为主，教师以传播知识和启迪思想为主。管理育人与教书育人相辅相成，二者存在互相影响与辅助作用的关联，属于同个目的之下的不同层面，主要体现在：

第一，教学管理者是衔接教师和学生的纽带，负责协调处理二者之间的矛盾问题，有效营造优质的教学环境，确保教学和学习活动的有序开展。

第二，教学管理者利用整理分析教师教学质量信息，反馈教学和学习的实际情况，合理给予出科学化评定。检查考核，教师教育教学当中体现出来的学术与教学水平，评估其敬业精神，归纳评估教师是否认真完成了教育任务，给出的指标和规划，促使教师结合社会发展与市场需要，提升教学水平，培养高质量人才。

第三，教学管理者与教师共同参与学校各项事业的建设过程中，如课程建设和教材建设等。利用对教学的调查研究与分析工作，提出改革和优化教学的方案计划。

第四，大学管理者给教师提供教育教学方面的帮助，营造优良教学环境，促使教师可以集中注意力投入到教学活动当中。

（四）注重教学管理与教学研究的关系

教学管理是一项系统性工程，需要长时间建设与积累。高效完成日常教学管理，维护教学秩序，只是完成了第一层次工作，仅仅标志着拥有了良好的工作基础与教学环境。要想真正提升人才培养质量与教学管理质量，还必须积极促进教育教学研究工作的开展。大量教育实践表明：关注教育教学研究的高校，其教学工作的指导思想明确、目标选择恰当，能审时度势，从国情、校情出发确立新思想、新思路、新措施、新制度，教学工作和管理工作处于高质量状态。教学管理和教学管理研究开展较差的学校，其教学改革往往比较落后，抓不住教学改革的重点与核心。结合这样的特征，要特别关注教育教学研究工作，把握好提升教学管理效益与质量的关键点。

第四节　高校教育教学管理的意义

教学管理是高校教育工作的重要组成部分，对培养高质量的人才起着重要的作用。教育部原部长周济在第二次全国普通高等学校本科教学工作会议上指出：当前加强教学工作的主要任务和基本举措是加大教学投入，强化教学管理，深化教学改革。这既需要各高校结合本校实际，健全和完善各项教学工作规章制度，还需要采取措施，确保各项规章制度严格执行。高校实施先进有效的教学管理，离不开高素质的教学管理人员。只有具备一支业务能力强、创新意识强、实干精神强的教学管理队伍，高校的教学管理水平才能不断地提高。

一、教学管理人员具备的素质能力

现代教育要求高校教学管理必须适应时代的发展，对在第一线的教学管理工作者提出了更高的要求，要求他们具备多方面的综合能力和素质，具体表现在以下几个方面：

（一）具备高尚的道德素质

良好的道德素质是搞好教学管理工作的基本条件。高校教学管理人员的道德素质如何，直接关系到学校教书育人的成效。"学为人师，行为世范"，教学管理人员应以自身的思想、学识和言行以及道德人格力量直接影响学生，做到管理育人。

（二）具备强烈的责任心

教学管理工作既有较强的连续性，又会遇到新情况、新问题，工作头绪多，任务重。强烈的责任心能产生工作主动性，是教学管理人员必备的品德。如每学期的期末考试，从安排、组织考试，到上报各种考试报表，再到各科试卷、成绩单的整理归档，每个环节都必须认真负责，才能较好地完成工作。

（三）具备扎实的业务知识素质

首先，要掌握系统的管理学知识。随着教学体制改革的深入，教学管理人员应掌握系统的管理学知识，按照管理规律办事，采用科学的管理方法，合理地分配人力、物力、财力，提高教学管理工作的效率。其次，要掌握相关学科知识，这是搞好教学管理工作的基础。院级教学管理人员应了解本院各专业的培养目标、课程体系及各教学环节的有关内容。再次，随着科学技术的飞速发展，办公自动化的程度越来越高，教学管理人员应学习和掌握相关的信息手段与技术，如掌握学籍管理系统、教材管理系统、教务管理系统、教学评估系统、毕业证书管理系统的应用及有关日常文书处理软件的使用等，促进教学管理方法的创新，保证教学管理工作的规范化、科学化和现代化。

（四）具备较强的工作能力素质

能力是教学管理活动顺利完成并获得预期效果的基础和保障，能力培养和提高甚为重要。一名优秀的教学管理人员应具备一定的组织管理能力，较强的协调应变能力，利用现代化设备获取信息、处理信息的能力，较强的调查研究能力及团队协作能力等。这些能力是教学管理人员准确评估教学的发展趋势，协调各教学单位间相互关系，促进教学信息良性流动所应该具备的基本素质能力。

二、教学管理的重要性

从世界高等教育的发展趋势看，深化教学管理是当今世界高等教育发展趋势的客观要求。提高人才培养质量是世界各国面临的共同课题，高等学校都在思考"21 世纪的高等教育应该如何发展"。严格规范的教学管理，特别是加强教学质量的控制是提高高等教育质量的重要保证，管理要质量是教学改革的重要任务之一。

从高等学校教学管理的实际需要来看，近年来，我国高等教育得到了快速的发展，2009 年高等教育在学总规模达到 2979 万人，在校生达到 2826 万人，2017 年 9 月，中国高等教育在学总规模达到 3699 万人，占世界高等教育总规模的 1/5，规模位居世界第一。同时，有相当一批院校还没有形成健全、完善的科学管理制度。由于办学规模的不断扩大，师资队伍的结构发生了较大的变化，教学和管理的经验不足，传统继承研究不够，教学管理队伍的建设还没得到充分的重视；且教学管理干部变更频繁，管理干部的素质结构和水平、教育思想的观念还不能适应现代化高等教育快速发展的要求，在一定程度上制约了教育教学改革的深入和健康发展。

从高等学校教学和管理队伍的历史、发展和形成来看，目前绝大多数从事教学管理工作的人员在校学习期间缺乏系统的"教育学""心理学""教育管理学"等方面专业技术知识的学习，大部分人员是通过实际工作的不断探索而积累经验的，不能够从理论上、教学规律上更好地把握教育工作和教学改革的建设工作。

从高等教育科学的发展来看，许多学校没有把高等教育教学管理作为一门科学来对待，学校的教育教学管理不到位，没有形成必要的校内外教育研究信息沟通机制。学校缺乏教育教学研究的氛围，缺乏有组织、有计划、有目的的教育教学及管理研究，对学习、借鉴、继承、发展等一系列问题缺乏系统的思考和具体安排。

三、管理队伍建设的意义

建设一支综合素质过硬的教学管理团队，是有效提升高校核心竞争力的重要举措。当前，我国共有普通高等学校 2600 余所，各种形式的在校生总规模超过 2700 万人。随着社会的发展，高校间的竞争越来越激烈。"如何招到更多的优秀学生，如何培养出更多的高素质学生，如何使本校的学生在就业市场占据有利的地位"，成为各高校普遍关注的重要问题。而从新生入学、过程培养，到毕业生离校的整个学习过程，任何一个环节都离不开教学管理的保障。教学管理队伍实力强，则贯穿于教学过程中的理念更为先进，制度就更为健全，教与学的环境就更严谨、公正，学生掌握的知识和技能就更全面。加强管理队伍建设将使教学质量得到提高和保障。

加强教学管理队伍建设是提升学校教学工作水平的必经之路。2006 年，教育部关于《普通高等学校本科教学工作水平评估方案》列出了 19 项二级指标，"管理队伍"是其中的考核项目之一；第二次全国本科教学工作会议后出台的《关于进一步加强高等学校本科教学工作若干意见》中，教育部共提出 16 项具体要求，其中"强化教学管理……加强教学管理队伍建设"是其中之一。由此可见，在考察教学管理水平时，教学管理队伍的建设是重要的评价指标。实际工作中，教学管理队伍也确实为提升教学工作水平发挥了关键性的作用。无论是办学指导思想、师资队伍建设、教学条件和利用、专业建设与教学改革、教学管理、学风与教学效果，所有这些决定教学水平的项目，都与教学管理人员的工作息息相关。只有加强教学管理队伍建设，并将高素质的教师队伍与高质量的教学组织管理有机地结合起来，才能创造出良好的教育教学质量，不断地提升教学工作水平。

　　加强教学管理队伍建设是提高人才培养质量的重要手段。人才培养是高等学校的根本任务，质量是高等学校的生命线。为全面提高人才培养质量，必须强化教学管理，深化教学改革，积极推进教育创新。尤其要推进人才培养模式、课程体系、教学内容和教学方法的改革，促进传授知识、培养能力、提高素质的协调发展。教学管理人员是深化改革、推进创新的主要策划者、实施者和监督者，教学管理队伍的水平直接决定了学校教学改革的广度、深度和力度。所以提高人才培养质量必须要加强教学管理队伍的建设。

第五节　高校教育教学管理模式的分类

一、高校文化管理

（一）文化和文化管理的内涵及发展历程

　　什么是文化？关于文化的定义有几十甚至上百种。有意思的是，虽然"文化"包罗万象，但不同的定义却又殊途同归地表达着"文化"的基本内涵。即观念形态、精神产品、生活方式这三层含义。具体来说，它包括人们的世界观、思维方式、心理特征、价值观念、道德标准、认知能力，以及从形式上看是物质的东西，但透过物质形式能反映人们观念上的差异和变化的一切精神的物化产品。大学文化，是大学思想、制度和精神层面的一种过程和氛围；是理想主义者的精神家园，是大学里思想启蒙、人格唤醒和心灵震撼的因素的结合体。大学应该让大学外的人向往，让大学内的人心情激动。大学是一个让我们永远怀念的场所。大学用人文精神培育出全面发展的优秀人才，使其成为民族复兴和文化复兴的中坚，大学要引领社会前进。大学文化是知识、能力、人格的升华和结晶。

　　文化管理就是"人化管理"，以人为根本出发点，并以实现人的价值为最终目的的尊重人性的管理。这种管理是靠管理主体与管理对象之间所形成的文化力的互动来实现的。文化管理的核心是"以人为本"。

　　学校文化管理与企业文化管理有着密切的关系，它借鉴了企业文化管理的思想，但是学校文化管理更是它自身内在文化因素发展的必然要求。因为学校本身就是一种文化存在，是一个文化实体，它是以传承和创造文化为己任的，是以文化为中介培养人、塑造人的机构。

　　学校与文化的关系是其他任何社会要素、社会组织所不可比拟的，在学校管理中，更应当重视文化的因素。文化管理是学校管理顺理成章、水到渠成的结果。

学校文化管理是以文化为基础，注重学校文化建设，并利用文化要素和文化资源实施调控的学校管理活动，它具有价值性、伦理性、知识性、合作性、品牌形象性、整合性等特征。

学校文化是学校的灵魂。它不仅是老师的灵魂，更是学生的灵魂。学校文化建设的核心在于师生的认同，认同的关键是参与。可以说，无论是学生还是老师，如果对自己的学校文化没有清醒的认识，就像身处异国的游子，不时会产生陌生感和沮丧感，很难身在其中。

回顾改革开放以来学校管理形态的演变过程，大致分为两个阶段：

第一阶段是从改革开放到1990年前后。这一阶段的学校管理，用一句话来概括，即"经验型管理"。就是说，在这一阶段，校长对学校的管理主要是凭个人的经验，起决定作用的主要是校长的主观意志及其人格魅力。在教学管理上，如果校长是业务能手、教学专家，他就办法多、措施多，学校教学质量也就提高得较快。在学生管理方面，校长有经验、有办法的，管理就井然有序，校风、学风就好，否则校风校纪就差。特别是对教职员工的管理，调动教师的积极性，几乎全凭校长的个人能力。因此在这一时期，校与校之间的差别很大。

第二阶段是从1990年前后到21世纪初。这一阶段的学校管理，也可以用一句话来概括，就是"制度型管理"。这一阶段的标志是"校长负责制，教师聘任制，结构工资制"即所谓"三制改革"的提出和实施。其宏观背景是《教育法》《教师法》等一系列教育法律、法规的颁布与实施。伴随着"依法治国"理念的提出，教育也提出了依法治教、依法治校的理念，学校开始注意加强制度层面的建设，促使学校管理从经验型向制度化、规范化转化。

当然，这个阶段各校的管理水平也还是有差别的，但相对于第一阶段来说，已经小了很多。制度是一种相对稳定的形态，不因人事之变而变。一所学校，一种比较完善而可行的管理方略一旦形成，就不会轻易随着校长的变动而变动，或者因校长注意力的改变而改变。

以上两个阶段的划分是相对的。在第一阶段，学校管理不是完全没有制度保障，也不是说制度不起一点作用；在第二阶段，不是说学校管理中管理者的经验和个人魅力不重要不起作用，这里主要是就其主导方面而言的。就是说在第一阶段，在学校管理中起主导作用的是管理者的经验、意志和个人魅力。而在第二阶段，起主导作用的则是制度。

通过以上的对比我们会发现，在学校管理工作中，制度比校长个人的经验、意志和人格魅力更重要，它带有普遍性，起着举足轻重的作用。

然而，有学者一直在思考这样一个问题：制度是不是我们学校管理最权威、最理想的手段？现在大家都在量化考核指标，细化考核内容，尽可能地完善制度，这是完全必要的。但是不管我们怎么量化、细化，制度怎么创新，还是有一些很重要的内容是无法考核的，无法与教师的工作量及其报酬挂钩。比如学校的德育工作，尽管有一些内容可以量化考核，但是多数内容无法量化、很难考核。比如教育学生诚实守信，这是很重要的公民素质，需要教师言传身教，花很大的精力来教育。但是你怎么考核？爱学生是师德的核心，教师对学生应该倾注无私的爱，特别是在学生的思想、学习、生活碰到困难、受到挫折的时候，教师应该全身心地给予呵护。这一切又如何量化、如何考核，如何与教师的待遇挂钩？显然制度不是万能的，制度的完善和创新还不能解决学校管理中的所有问题，制度建设并非治校治教的"制高点"。那么不能靠制度解决的问题，要靠什么来解决呢？用表 2 - 1 简单表述如下。

表 2 - 1　学校管理发展的阶段及特征

学校管理阶段	时　间	特征	具体描述
经验型管理	从改革开放到 1990 年前后	人治	校长个人的经验、意志和人格魅力起作用
制度型管理	从 1990 年前后到 21 世纪初	法治	制度化、规范化管理
文化管理	最近几年	文化引领	"以人为本"，形成集体信念和价值观。具备学校核心精神和核心能力

（二）大学文化管理的特点和意义

1. 文化管理和大学文化管理的特点

（1）文化管理的特点

①管理的中心是人。从科学管理以物为中心转变为文化管理以人为中心，人既是管理的出发点，又是管理的落脚点。尊重人、关心人、培养人、激励人、开发人的潜力，是文化管理的关键。

②管理的人性假设前提是"善"。科学管理把人看作"经济人"，以"性恶论"为哲学依据；文化管理把人看作"自我实现的人"和"观念人"，以"性善论"为哲学基础。

③控制方法追求主动。科学管理以外部控制为主，重奖重罚是主要手段；文化管理中心内置，依靠人文关怀等激励手段调动、激活行为主体的内在需求和动力，追求主动发展。

④管理重点为文治。科学管理直接管理人的行为，职工的一言一行都有制度约束，是典型的法治；文化管理严于管理人的思想（信念和价值观），间接影响人的行为，是一种新的管理方式——文治，即以文化来治理。

⑤领导者类型为育才型。在科学管理中，领导者恰如乐队指挥，属于指挥型领导；在

文化管理中，领导者既是导师又是朋友，属于育才型领导。

⑥激励方式以内化为主。科学管理以外塑为主，依赖于工作的外部条件；文化管理以内在激励为主，着重满足职工的自尊和自我价值实现的需要，依赖于工作本身的魅力。

⑦管理特色具有人情味。科学管理的特色是纯理性管理，排除感情因素；文化管理的特色是将理性与非理性相结合，是有人情味的管理。

⑧组织形式具有开放性。在科学管理中，权力结构明确，是"金字塔形"组织；在文化管理中，权力结构模糊，管理者与被管理者更为平等，是平等沟通、自我学习的学习型组织。

⑨管理手段具备"软"特征。科学管理是依靠强制性的制度和物质手段的投入；文化管理是依靠思想交流，价值观的认同，感情的互动和风气的熏陶，即依靠非强制性和非物质性手段的投入。管理由硬管理为主走向软硬结合，以软管理为主。

⑩管理者和被管理者的关系改变为同伴互助。科学管理强调上级与下级之间的关系，管理者靠制度约束人；文化管理中管理者和被管理者是为了共同的目标而携手并进，是合作伙伴关系。

（2）大学文化管理的特点

大学既是文化发展的重要成果，又是文化建设的重要载体，作为人才培养的基地，大学理应发挥文化育人作用，为中国特色社会主义事业培养建设者和接班人。作为知识的集散地和思潮的发源地，大学理应成为社会文化的风向标和引领者。在推动社会主义文化大发展、大繁荣的进程中，大学一方面要加强自身的大学文化建设，另一方面要承担文化传承创新、文化辐射引领和文化服务支撑的重要使命。突出"以文化人"的教化性，这是大学文化区别于其他文化形态的重要特质；注重主流价值的导向性，这是建设社会主义大学文化的必然要求；建设各具特色的大学文化，这是各个高校张扬个性，增强文化发展生命力的关键所在。

①教化性。大学以人才培养为天职，大学文化必须始终围绕育人这一中心任务展开。大学"以文化人"，即通过文化潜移默化地感染人、熏陶人、教化人，从而实现情感陶冶、思想感化、价值认同、行为养成的目标。按照马克思主义的观点，教育的目的是促进人的全面发展，大学文化育人的过程实际上就是塑造健全人格、开发智力潜能、丰富生命内涵，使受教育者得到自由、全面、完整发展的过程。

②导向性。文化并非一个中性的概念，其本身具有鲜明的价值取向。当今社会呈现出多元思想文化相互交织、相互激荡的格局，需要一个占主导、支配地位的价值观来引领大学文化建设。在大学文化建设中，必须坚持以马克思主义为指导，坚持不懈地用中国特色社会主义理论体系教育师生，推动中国特色社会主义理论体系进教材、进课堂、进头脑；加强理想信念教育，弘扬以爱国主义为核心的民族精神和以改革创新为核心的时代精神；

深入开展社会主义荣辱观教育和社会主义核心价值体系建设，全面加强学校思想道德体系建设。

③独特性。有个性才有魅力，特色鲜明的大学文化才是有生命力的文化。虽然大学精神具有探索真理、崇尚学术、传承文化等共性追求。但由于各个高校文化传统、类型风格各异，社会对大学的需求多样化，因此必须建设和发展各具特色的大学文化，营造不同类型、不同层次、不同风格的大学文化形态，形成异彩纷呈、和谐互补的整体大学文化格局。多年来，我国不少高校办学定位趋同、办学理念雷同，导致大学文化建设缺乏个性，存在着同质化的倾向。这一点从反映大学精神文化精髓的校训表述中就可以看出，"求是""创新""厚德"等成为千篇一律的高频词。

2. 大学文化管理的意义

文化，是一种历久的精神创造活动及其成果。对于一个民族来说，文化是民族之根；对于一个国家来说，文化是国家之魂。

纵观学校发展的历史，正经历着从经验管理、制度管理（科学管理）向文化管理转型的历程。学校文化管理是一种新型的、更高级的管理形态，是学校经验管理、制度管理（科学管理）的总结和升华，是管理内容的回归，是与知识经济时代相适应的学校新的管理方式。作为学校管理者，构建文化校园，积极推进学校文化管理，具有极其重要而深远的意义。

随着社会主义市场经济体制的建立和完善，学校建设中也逐渐引入了市场力量，学校之间的竞争在逐渐地加剧。学校要在竞争中处于优势地位，必须具备某种核心能力，充分发挥文化传承创新功能、文化辐射引领功能和文化服务支撑功能，对学校的发展具有深远的影响。文化对学校和人的发展产生的影响可以从深、广、远、忧四种状况来理解。

深：学校文化管理是一种内隐的、深层次的、无形的力量，这种力量决定着学校的改革、发展和成败。文化是根、是魂、是格、是力。学校文化具有：导向功能、提升功能、凝聚功能、激励功能和稳定功能，为学校的发展带来动力。

广：文化无处不在、无人不知晓、无事不体现，弥漫在整个学校的全部生活之中，甚至影响到社区文化和城市文化。

远：与生俱在、与校共存、与人同享，学生时代有幸经历先进学校文化的熏陶会一辈子回味无穷、受用不尽。

忧：中国已进入压力社会和消费社会，市场经济急速发展，竞争空前激烈。社会财富增加，但文化价值导向滞后，优秀传统文化相对不完善。先进学校文化建设是学校优质发展的根本，没有文化的学校是另类的薄弱学校。因此只有学校的不同追求、不同理想、不同价值取向以及由此形成的不同管理风格、工作方式和生活方式，才是一所学校区别于其他学校的根本所在。

大学文化的内部功能主要表现为教化育人，大学文化的外部功能则包括文化的传承与创新、传播与辐射、示范与引领、服务与支撑诸多方面。党的十九大指出了深化文化体制改革，完善文化管理体制，建设社会主义文化强国的目标，这也对大学发挥文化功能提出了更高的要求。大学在服务文化发展、促进文化繁荣方面重任在肩，大有可为。

（1）文化传承创新功能。大学是一种教育机构，又是一种文化存在，传授知识、传承文化是大学与生俱来的职责。传承是创新的前提，创新的方式则是扬弃。在掌握前人积累的文化成果的基础上，去粗取精，赋予新义，创立新知识，形成新文化。大学正是这种新知识、新思想、新理论的重要摇篮，通过继承民族优秀文化，借鉴世界进步文化，创造时代先进文化，丰富精神文化的内涵，充实人类智慧的宝库，推动社会文明进步。

（2）文化辐射引领功能。大学既是社会文化的组成部分，受到社会文化的渗透，同时又以其自身的优势深刻影响着社会文化。大学是研究高深学问、探索真理的知识殿堂，也是高学历、高层次人才相对集中的地方．承担着影响、辐射、引领社会文化的功能。大学文化通过价值判断引领社会的文化选择，通过升华大众文化、超越流行文化、抵制腐朽文化、彰显高雅文化、强化主流文化，对社会文化起着积极的辐射和示范作用，引领社会文化向着健康方向发展，向着更高层次发展。从历史上看，大学一直是各种新思想、新理论的发源地，是各类思潮和运动的策源地，历来引领文化风气之先。在历史的转折关口，往往是大学率先高擎时代的火炬。大学文化对整体文化质态的建构和文化精神的塑造具有辐射、提升、示范和引领作用。

（3）文化服务支撑功能。大学不仅以独特的大学文化影响社会文化，更以培养的大批人才去带动社会文化的发展，通过科学研究和直接的社会服务，推动社会文化的进程。在新的历史条件下，高校要充分发挥文化建设的人才库、智囊团和思想库作用，提升服务社会主义文化发展的意识和能力，为发展文化事业、文化产业及深化文化体制改革输送优秀人才、提供智力支持。高校应加强文化领域的专业建设，增加优秀传统文化课程内容，建设优秀传统文化教学研究基地，为社会输送大批高质量的专业人才；应加强文化领域的学术研究，繁荣发展社会科学，不断推出理论研究和文化创作的精品力作；应积极参与构建有利于文化繁荣发展的体制机制，拓展为发展文化事业和文化产业及深化文化体制改革服务的渠道，壮大文化志愿者队伍，开展各类群众性精神文明创建活动；应积极搭建国际文化交流平台，推动文化"请进来"和"走出去"，为提升国家文化软实力、增强国际话语权做出应有的贡献。

（三）高校文化素质教育的管理现状

目前，我国高校文化素质教育管理机构有以下几种建制：一是管理机构附设在教务处，人员和业务归于教务处；二是全部归于学工部门，人员和业务直接设置在学工部下面；三是成立专门的常设机构，直接隶属于学校领导；四是成立学院负责文化素质教育工作，比如复旦大学的复旦学院、北京大学的元培学院、浙江大学的本科生院、宁波大学的阳明学院、山东理工大学的一年级工作部等。

相对于管理机构的多样化，目前我国文化素质教育课程设置与实施方式也是丰富多彩。主要有四种形式：一是建立课程系列，推荐必读书目；二是建立模块课程选修制；三是推行课程套餐制；四是结合欧美的通识教育形式、经验与内容，成立文理学院（通识教育学院或本科生院）。

迄今为止，大学生文化素质教育尚未建立一套切实可行、可以推广的评价体系。教育部也曾在高等学校文化素质教育指导委员会建立了一套针对设置大学生文化素质教育基地的高校基地评价指标，但是其评估对象是学生文化素质教育基地，而不是对教育的成效进行评价。

总体来看，目前高校文化素质教育管理存在的问题主要有：其一，管理机构条块交叉。各高校虽然在机构设置上都体现了对大学生文化素质教育的重视，但在具体工作中却存在一定的差别。由于不同的体制与机构有着不同的工作范围、责任定位、职能效力与资源配置，所以其工作绩效或者说机构的工作能力也是不同的。其二，课程设置与实施方式随意性大。目前的课程设置基本上是从学校和教师的角度出发，较少考虑学生的实际期望，因而难免有些课程学生不感兴趣，也有价值不大的课程混杂其中，在课程的构成上科学论证不足。其三，课程内容存在知识化倾向。高校大多以掌握知识的数量来考虑课程的价值，以知识体系的选择来代替课程体系的设计，造成了知识量太大而课时有限的困境。其四，评价体系不完善。现有的以学校为单位的评价体系存在各自为政、各有侧重的特点，尤其受到行政力量与个人好恶以及传统思维的影响。

（四）学校文化管理的构建

针对高校文化素质教育管理存在的问题，怎样致力于学校文化建设，相对于学校硬环境建设和制度建设，学校文化建设具有看不见、摸不着的隐性特点，需要我们做出更加艰巨、更加长期的努力。

学校文化与制度管理是有机统一、互为补充的。做管理工作最终的落脚点是人的思想问题。严格管理规范的制度能否落实到位，取决于人的思想高度和认识程度。学校文化必将为制度管理提供一个人文环境。

可以说，文化与制度的关系犹如道德与法律，学校文化是学校制度的有益补充，两者相互统一。总之学校文化的出现和完善不仅是学校发展的必然条件之一，也将是传统教育方式向素质教育方式转变的必由之路。这种文化又以人为本的文化，突出"人文""人本""人情""人性""人权"在管理中的作用，从而形成一个强大的"磁场"。它是弥漫在空气中的一种精神存在，在每一位师生的呼吸吐纳中化为一种气质、一份修养，或见于谈吐、或形于笔端，形成学校管理的文化，即所谓的管理文化。校园文化建设在学校管理中的作用按其不同层次来划分，主要表现在以下几个方面。

1. 用物质文化陶冶人

校园物质文化是校园的外显文化，是以某种文字符号为载体，将校园精神显现于校园的各种标记物之中。如校服、校歌、校刊校报、雕塑、学校建筑、艺术节、文化墙、名言警句等。它是校园思想文化建设的前提和条件，是思想文化、制度文化赖以生存发展的基础和载体，有利于陶冶师生的情操。优美的校园环境有着春风化雨、润物无声的作用，如诗如画的校园风光、干净整洁的校园环境、美观科学的教室布置、文明健康的文化教育设施……无不给学生带来巨大的精神力量；学生在优美的校园环境中受到感染和熏陶，触景生情，因美生爱，从而激发学生爱学校、爱老师、爱同学、爱家乡、爱祖国的高尚情操；学生在幽静的环境中学习，感到舒心怡神，从而增强环境保护意识。所有这些都有利于学生正确的世界观、人生观、价值观的形成。

2. 用制度文化规范人

校园制度文化是指校园人在交往过程中缔结的社会关系以及用于调控这些关系的规范体系，是校园一切活动的准则，它包括相关的法律法规、学校管理体制及其规章制度、组织机构及其运行机制、特定的行为规范等。校园制度文化从根本上决定着校园的正常运行和创新发展，是校园思想文化的保证。建立和健全学校规章制度，塑造良好的校园制度文化，是校园文化建设的重要内容，也是提高学校有效执行力的重要保障。制度文化以其导向性与规范性、稳定性与发展性、科学性与教育性的特征彰显校园文化。

3. 用思想文化凝聚人

校园思想文化是指学校在长期办学过程中形成的一种学校意识和文化观念，它是一种深层次的校园文化，是校园文化的灵魂，主要体现在班风、校风的建设上。班风、校风看不见、摸不着，但它渗透表现在校园内多种文化载体及其行为主体面上，让人时时处处切实感受到它独特的感染力、凝聚力、震撼力。置身其中，受教育者无须教育者更多的说教，便会自然而然地感悟它对心灵的净化和情感的熏陶。校园思想文化是校园的内隐文化，是校园文化的深层内涵，是在长期的校园物质文化、校园制度文化和校园行为文化的建设过程中积淀、整合、提炼出来的，反映学校广大师生、员工共同的理想目标、文化传统、学术风范和行为准则的价值观念体系，难以用文字、符号表达出来。校园思想文化是一所学校整体面貌、水平、特色、凝聚力、感召力和生命力的体现。

校园思想文化作为一种强大的教育力量，对广大师生的健康成长有着巨大的影响。一是导向功能，即指导个人正确认识和处理个人与学校组织的关系，把个人行为引导到学校组织目标上来，使他们向着学校期望的方向发展；二是凝聚功能，即思想文化起着心灵黏合剂的作用，它把各个方面、各个层次的人都聚合到一起，使师生、员工对学校产生一种使命感、自豪感、归宿感，形成强烈的向心力、凝聚力和群体意识；三是激励功能，即思想文化往往能产生一种激励机制，激起校园人的积极性、主动性与创造性，使学校成员保持高昂的情绪和奋进精神，获得各种精神需求的满足；四是控制功能，即思想文化具有强大的心理制约力量，使校园人接受必要的约束，使个体行为符合共同的准则；五是辐射功能，即校园思想文化以其独特的方式，在教育、影响师生的同时，也对周边及社会产生影响。

学校文化与制度管理具体包括校长文化管理、教师文化管理、学生文化管理、物质文化管理和精神文化管理五个方面。此外，还有教室文化管理、教研组文化管理、宿舍文化管理、食堂文化管理等。

二、高校课程管理

高校课程建设是学校教学基本建设的重要组成部分，是提高教育教学水平和人才培养质量的关键，它对高校的教育质量有着举足轻重的影响。近年来，国家注重教学内容、课程体系和教学方法的改革及教学管理，对高校课程建设提出要求，以提高高等学校的教学质量。

（一）高校课程管理的意义

高等教育在各种力量的影响下，一直处在改革中，高等教育体制改革是其中的重要内容，我国高教体制几经改革，已初步确立社会主义市场经济体制下的高等教育体制基本框架。但是高等教育体制改革对高校的课程、教学实践，尤其是课堂实践的触动甚微，因为高教体制改革的焦点是决策权和权力归属，对高校课程、教学不产生实质性的影响。要提高高校课程、教学的质量就需要课程管理来解决，而高等学校课程管理又是一个亟待开拓的领域。高等学校课程管理意识的淡薄与高校课程改革、人才培养模式的转变和教学体制改革的实际发生冲突，进行高校课程管理研究具有深远的理论和现实意义。

从理论上说，第一，课程管理不仅是一个研究领域的开拓，而且是课程理论研究的逻辑发展，是课程理论的自我完善。课程的研究以美国最为突出，影响也相对比较广。它的研究重点集中于课程目标的确定、课程内容的组织、课程实施、课程评价等问题。他们认为课程管理是学校管理的一部分，不予重视，因而对课程管理的研究就被忽略了。我国有学者较早就注意到了课程管理的问题，指出课程管理理论与课程设计理论、课程评价理论一样，是课程理论的一个重要组成部分。课程理论要走向成熟，首先要解决课程理论中的课程开发、设计、评价等基本理论问题。随着课程理论改革的深入，课程管理问题就必然要提到日程上来，课程管理与整个课程领域的问题及其他问题都相关，重视课程管理的作用和研究也是课程理论自身发展的要求。

第二，高校课程管理研究是高等教育管理研究的必要补充和突破。高等教育管理的研究与高校课程管理的研究在总的指向上是一致的，都是为了更好、更有效地培养所需的人才，更好的满足高校与社会的要求。高等教育管理学已成为一门独立的学科，其主要内容是高等教育体制、教育方针政策、高等教育领域、教育经费及高校内部管理中的学校组织、人事管理、教学管理、后勤管理等。而高校课程管理涉及的问题要具体得多，如课程标准的制定、课程实施过程的监控及管理机构的设立权限、职能的规定，它们都是具体的工作。高等教育管理学涉及的是整个高教管理领域的问题，它能提供的是止于各种问题的原理的内容，以及对高教管理的分析框架。它的一般理论特性使其不能对像课程这样的特定领域做出直接的运用，而且由于高等教育管理学的研究范围的限定，使其不能对课程管理的问题做出详细的讨论。所以正像教育理论不能替代对高校课程管理的研究一样，开辟高校课程管理的研究领域就非常切合实际需要。

从实际层面看，第一，高校课程管理研究促进了高校管理观念的转变与确立。高校的管理运行机制长期习惯于自上而下的行政控制与管理，学校的设置与发展规模，学生的培养要求等都由国家计划限定，这种无竞争又无淘汰的运行状态极大地限制了高校自我发展的能力。如今"对包括课程编制在内的人才培养的全过程进行管理，已经和正在成为一种新的大学管理理念"，高校课程管理领域的出现反映了我国高等教育管理领域在思想观念上的变化。高校课程管理理论的建立，要以课程评价、课程设计等理论为基础，以人员管理、机构调整等观念的转变为前提。高校课程管理领域的开拓，会推进高校管理观念的转变，从而促进新领域的确立。

第二，课程管理研究可以促进课程行政的顺利转轨。课程领域出现了许多新的情况：课程要求增加弹性和灵活性、学校课程决定权、及时按人才培养调整课程内容等，这些也是学校课程管理要研究的。课程管理研究内容的变化，会使课程管理体制做出相应的变革。课程行政转型之后，又可以使学校课程管理更加灵活有效，有利于调动中央、地方和高校三方面的积极性；有利于中央、地方、高校课程管理各司其职，明确权限，提高课程管理水平。

第三，课程管理可以使高校课程改革健康、顺利发展。课程改革是整个教育改革的突破口，课程改革是教育改革成败的关键。课程改革是一个系统的过程，其组织、实施、评价和推广等需要课程管理的介入。假如这些工作不能实现，那么课程改革就不能取得良好成效。我国的课程管理水平已经落后于课程改革的需要，课程改革的深化正期待着课程管理水平的提高。

（二）高校课程管理研究的现状

1. 课程管理的研究历程

课程管理研究最早可追溯至 1925 年美国学者 J. K. Flanders 提出的课程控制（curriculum control），他结合学校情况做了一些实证研究，其后，实证与理论性的探讨便不断增加。20 世纪 80 年代初，P. Hallinger 和 J. Murphy 等人提出教学领导（instructional leadership）问题，引起了教育界极大的重视，同期课程管理（curriculum management）和课程领导（curriculum leadership）的研究成果也开始相对较多地出现。日本在 20 世纪 60 年代左右也出现了以课程经营或运营为名的成果。80 年代后期，中国的廖哲勋等人的著作中也涉及了课程管理问题，但是未见专门研究的论著。至于被普遍认可的课程管理（curriculum governance）一词，直到 1994 年在课程视导与开发学会（ASCD）的年鉴中才由 Alexandria 提出。

2. 课程管理研究的内容

（1）课程管理的研究课题。课程管理研究处于起步阶段，明确课程管理领域要探讨的问题显得十分必要。钟启泉认为，课程管理的工作内容有关于课程标准的工作；关于课程编制的工作；关于课程实施的工作；关于整顿课程实施条件的工作；关于课程评价的工作。郭晓明提出，当前课程管理中亟待探讨的若干问题是：课程管理基本体制研究；课程设计管理；课程实施管理和课程评价管理。李慧君则认为，课程管理应做好以下几点：建立健全课程管理体制，按可控系统建立课程管理模式；建立健全课程管理制度。日本课程管理的研究以课程的经营或运营来体现，如日本教师养成研究会编的《课程》（1949 年）中提出，课程运营要研究教师的工作、教学大纲、课程实施上的问题和学习环境的问题。海后宗臣在《教学经营大系卷四》（1963 年）中列举课程经营要进行学科的经营——教学目标的确定、教学计划的制订、教学方式及其管理、测验管理；道德科的管理——设置道德科的基本观点、道德科的年度教学计划的原则、结构及编制、教案的编写与资料的作用；课外活动的管理——课外活动管理和学校例行活动的管理。《现代学校经营讲座卷三》（1976 年）确立课程管理的理论框架如下：课程的标准与编制；学校的教育计划与课程编制；教授、学习的系统化；设施、设备、教材、教具的管理；课外教育与课程；教育决策与评价。可见，课程管理研究主要集中于课程管理体制、过程和技术手段等领域。

（2）课程管理体制研究。关于课程管理体制的类型，国内研究较多的是课程管理体制方面。贾非、郭继东、郭晓明等对课程管理模式进行了讨论，认为可以分为统一计划型、分散管理型、板块型和蛋糕型四种，并做了比较分析，认为实行统一与分散结合的模式（体制）是我国课程管理体制改革的方向。郭继东认为，我国的课程管理体制改革不能采取激进方式。在改革过程中，首先要将课程管理权做合理分解；其次应采用并行和渐进策略，促使课程管理体制顺利过渡；再次要吸取板块型和蛋糕型的各自优势，提高课程管理体制的科学化。郭晓明明确提及课程管理机构，他指出基础教育中中央教育行政部门应设立三个相互联系的管理机构，即"全国中小学课程委员会""全国中小学教材审定委员会""全国中小学考试委员会"，并对他们的职责和相互关系作了简短的分析。李慧君则着重提出要建立健全课程管理制度，严格按规律、制度管理课程，但是对怎样制定制度只提出了两条原则，对具体制度内容涉及很少。

（3）课程管理过程研究。李慧君认为课程运行的管理包括组织力量。他强调在对课程环境调查研究的基础上进行规划决策：确定课程目标、设计课程结构，选择教学内容等。在课程实施阶段要通过组织、协调、控制等一系列手段，使课程资源得到充分有效的利用，以便取得最优的课程效果；通过对课程实施结果的评价，找出结果与目标之间的差距，对决策过程和实施过程进行修改、校正，使课程系统最大限度地接近课程目标。

（4）高校课程管理研究状态。我国《高等教育法》《中共中央关于教育体制改革的决定》等法规文件涉及了学校课程管理的内容《大学教学论》《高校教学管理》之类的著作也涉及了这方面的内容，但浅尝辄止，主要是研究教学管理方面的内容。王良志讨论了我国大学课程管理的模式。深入到课程管理问题内部的仅见王伟廉《高校课程管理：中国高校教学改革亟待开拓的研究领域》一文，他对高校课程管理做了初步的界定，主要目的还是呼吁大家关注高校课程管理研究。

高等学校课程管理是以高质量的人才产出为宗旨的，然而高校课程的运行往往偏离这一目标。《本科教育设计》（Designing undergraduate education）一书提出，应以时间、空间、资源、组织、程序、成果这六个课程维度来设计、管理学校课程，开发出富有创造性和协调的课程模式，更好地达到学校的教育目标。

Jean Bocock 和 David Wastson 于 1994 年主编了《管理大学课程：形成共同动因》（Managing the university curriculum: making common cause）一书，其中以英国高等教育 20 世纪 60 年代以来的变革（先是罗宾斯报告，十几年后）开放大学出现，及 80 年代中期以来受玛格丽特·撒切尔政策影响，大学扩张和投资并未增长给大学带来的沉重影响）为背景，用政府的眼光，大学校长和大学中层管理者和授课者的观点，仔细看待大学、大学课程的管理，以图恢复整个学术领地（指大学）的活力和地位。

综观整个研究状况，高校课程管理研究十分薄弱，现有的文献材料仅集中于中小学课程管理，但这方面的研究也存在着不少问题。整个研究领域的文章大都只限于作者的问题意识，按理论思维提出课程管理要解决的问题，不能形成较为完整的研究框架，讨论的问题也缺乏深度。表现在课程管理手段上，除单一的行政方式外，没有技术手段的研究。课程管理过程中目标的确定、内容的组织、课程的评价可依据一定的理论或规范进行管理还未被研究过，更别提产生研究成果。又如课程管理体制的研究，虽然有些论述，但是对课程管理机构应设置哪些，机构之间的隶属关系怎样，以及与机构设置对应的权力归属问题，讨论笼统、模糊，未能形成指导意义。所见的材料大都局限在经验研究的层面，从静态的视角出发探讨具有动态过程特性的课程管理，就导致课程管理研究存在先天不足。

我们认为课程管理体制研究是课程管理研究的关键所在。因为研究课程管理体制必然要研究课程管理机构设置、权力归属、人员配备，各机构如何对课程实施调控，使用何种手段，遵循什么样的规章制度去实现教育的目的。所以课程管理体制的研究为我们研究课程管理提供了完整的实际框架。

高校课程管理体制是高校课程管理机构和课程管理规范的统一体，它是整个教育管理体制的一部分，包括课程的行政体制和高校内部管理体制。课程管理体制主要涉及的是课程行政和校内课程管理机构的设置、职责权限的划分及其制度。高校课程管理体制本身是静态的，它对具体课程管理活动的影响，通过课程管理机制来实现。课程管理机制指课程管理的各级机构、人员与课程的关系和运转方式。课程管理体制各部分的存在必然要求解决如何协调各个部分之间的关系和如何管理课程的问题，即机制问题。而协调各部分之间的关系是一种具体的运作方式，体现于课程管理活动之中。因此为了更好地说明课程管理体制的运行，我们在课程管理体制的论述中，加入了课程管理活动的内容。

（三）近年来我国高校课程建设的改革与实践

为促进本科教学课程建设整体水平的提高，推动优秀教学资源的共享，有效推进教学信息化进程，教育部相继启动了网络课程和精品课程建设工程。在近十年的高校课程建设过程中，教育部根据课程建设的实际发展情况，适时出台指导性文件，从政策上保障各级教育管理部门及各高校顺利开展网络课程和精品课程建设，稳步提高教学质量。

1. "九五"规划时期（1996—2000 年）

国家出台相关政策文件指导高校课建设的探索准备阶段。"全国教育事业九五计划"中指出，高等教育要拓宽专业服务范围，按照现代化建设的需要调整课程结构，更新教育内容，改革教学方法，提高学生分析问题和解决问题的能力。国家教委自 1995 年开始实施"高等教育面向 21 世纪教学内容和课程体系改革计划"，落实《中国教育改革和发展纲要》提出的"质量上一个台阶"的目标，更新教育观念，改革人才培养模式，实现教学内容、课程体系、教学方法和手段的现代化。1997 年发布的教高 2 号文件《国家教委关于积极推进"高等教育面向 21 世纪教学内容和课程体系改革计划"实施工作的若干意见》对当前阶段的课程建设提出了具体的指导意见：教学内容和课程体系改革是教学改革的重点和难点；搞好课程建设是培养人才素质、提高学校教育质量的核心环节；转变教育思想，更新教育观念，研究和改革专业主干课程和基础课程的教学内容和课程体系；结合教学方法和手段的改革和创新，编写出版一批高水平、高质量的"面向 21 世纪课程教材"。截至

2000 年，"面向 21 世纪课程教材"已正式出版近 300 余种。各高校响应教育部全面进行教学内容和课程体系改革的要求，根据学校实际情况，结合文件要求，积极开展课程建设及教学改革工作。根据教育部文件中对课程建设的目标、原则、主要内容、实施步骤及评估指标的要求，各高校逐步在校级层面上开展"合格课程""示范课程""优秀课程"或"重点课程"的试点建设工作。确立一批覆盖面广的公共课、学科基础课作为重点课程，有计划地开展校级课程建设，从教学内容、教学手段、师资队伍、教学过程等方面开始了课程建设的初步探索。在"高等教育面向 21 世纪教学内容和课程体系改革计划"取得阶段性成果的基础上，教育部于 2000 年开始实施"新世纪高等教育教学改革工程"，进一步增强高等学校的质量意识，深化教学改革。该工程以培养适应新世纪现代化建设需要的具有创新精神、实践能力和创业精神的高素质人才为宗旨，对高等教育人才培养模式、教学内容、课程体系、教学方法等进行综合的改革研究与实践。

"面向 21 世纪教育振兴行动计划"第 25 条明确指出："依托现代远程教育网络开设高质量的网络课程，组织全国一流水平的师资进行讲授，实现跨越时代的教育资源共享。"1998 年 9 月，教育部批准清华大学、浙江大学、湖南大学和北京邮电大学试点现代远程教育。1999 年 11 月，教育部高等教育司选择了 20 门网络课程在有关学校实施远程教学试点。为加快现代远程教育工程资源建设步伐，推动优秀教学资源的全国共享，促进我国高等教育整体质量和效益的提高。教高司［2000］29 号文件《关于实施新世纪网络课程建设工程的通知》（以下简称《通知》）拉开了"新世纪网络课程建设工程"的序幕。《通知》中发布了公共课类、文科类、理工科类、农医类、财经、政法、管理类等几大类，34 小类，288 个项目。"新世纪网络课程建设工程"是"现代远程教育工程"的重要组成部分，通过两年的时间分期分批建设了 200 多项基础性、示范性的网络课程、教学案例库、教学素材库和试题库。《新世纪网络课程建设技术规范》《新世纪网络课程建设工程质量认证标准》等文件为"新世纪网络课程建设工程"提供了政策指导及建设标准。

2. "十五"规划时期（2001—2005 年）

在前期课程建设的基础上，确定以精品课程建设为重点的实施阶段。进入 21 世纪，国际竞争日趋激烈，人才则是竞争的焦点。随着社会主义市场经济体制的完善和经济结构的战略性调整，社会对高等教育人才培养的质量提出了新的要求。全国教育事业"十五规划"对课程建设提出了更高的目标。2001 年，教育部印发了《关于加强高等学校本科教学工作提高教学质设的若干意见》，就加强教学工作提出了 12 条针对性很强的要求。2003年 4 月，教育部下发《教育部关于启动高等学校教学质量与教学改革工程精品课程建量工作的通知》，启动"精品课程建设计划"。教育部计划用 5 年时间（2003—2007 年）建设1500 门国家级精品课程，力图通过精品课程建设，大范围推进高校课程建设，推动高校教学水平的整体提高。同年 5 月，教育部办公厅印发《国家精品课程建设工作实施办法》，正式实施精品课程建设。精品课程建设从此在全国各高校全方位、宽领域、多层次地展开，并逐步形成了各门类、各专业的校、省、国家三级精品课程体系。结合教育部提出的高等学校教学质量工程的要求，高等教育出版社同时也正式启动了"高等教育百门精品课程教材建设计划"，斥资 1000 万元支持和推动全国高校的精品课程教材建设工作，重点支持建设一批本科教育公共课、基础课和专业主干课程精品教材，评选出"高等教育百门精品课程教材建设计划"精品项目 170 项，立项研究项目 184 项，此项建设调动了高校教师在教学和科研工作基础上建设立体化精品教材的积极性和创造性。

随着国家政策的出台，各大高校踊跃建设并申报国家精品课程，多所高校按照《通知》要求，先后制定了本校的精品课程管理办法，分别从精品课程的"五个一流"的要求出发，从课程建设的指导思想、申报程序、管理机制、验收标准等方面明确了课程建设的框架。

（1）课程体系建设：结合课程性质和专业特点制定科学的建设规划，确定课程建设特色和定位，明确课程建设目标。

（2）优化整合教学内容，打造立体化精品教材建设：课程内容是精品课程建设的重要层面；教学内容的实用性、前沿性和创新性是衡量课程优劣的重要指标；在纸质教材的基础上，通过电子教案、电子课件等多种方式完善现代化呈现方式，能更好地展现教学内容，使教学内容更容易被受教育者认知。

（3）注重教学方法和教学手段的改革：协调传统教学手段和现代教育技术的应用，形成多元化、立体化的教学方式。教学中灵活运用多种教学方法，积极开展启发式教学，引导学生独立思考，促进学生学习能力的发展。

（4）突出实践环节，在实践中培养学生的创新能力和思维，实践是应用理论知识，培养创新意识和能力的平台。在教学中注重培养学生理论联系实际、提出问题、分析问题和解决实际问题的能力，特别是与科学技术的发展相适应的综合能力。

（5）切实加强教学队伍建设，建立新教师的培训和培养机制：师资队伍建设是实现课程良性发展的基础。实施教师培训和技能训练等举措，保证课程教学团队的可持续发展。

"新世纪网络课程建设工程"自 2000 年 6 月份启动以来，共收到 120 多所高等学校的 2000 多项申请书。"新世纪网络课程建设工程"的公开申请，扩大了网络课程建设的影响，提高了高等学校网络课程建设的认识。经过两年多的建设，"新世纪网络课程建设工程"实际建设了 319 门网络课程。2003 年，"新世纪网络课程建设工程"进行了验收，50 多门课程在中国地质大学、北京理工大学、北京语言大学等高校的网络教育学院广泛使用，在资源建设、网络支撑平台、资源库管理系统、远程教育信息管理系统、网络课程测评、资源建设规范等方面均取得了一定的成果。清华大学的"新世纪机械原理网络课程建设"项目是教育部立项启动的"新世纪网络课程建设工程"首批项目之一。学校选用精品教材作为网络课程开发的蓝本，以知识的建构过程进行网络课程的教学设计，研制开发了高水平的机械原理新世纪网络课程。

3."十一五"规划时期（2006－2010 年）

加强精品课程网站建设，推动精品课程建设进一步深化，实现精品课程的示范推广作用。《国民经济和社会发展第十一个五年规划纲要》中指出，"十一五"时期要着重提高高等教育质量，推进高水平大学和重点学科建设，增强高校学生的创新和实践能力。经国务院批准，教育部、财政部联合下发了 2007 年 "1 号文件"，实施 "高等学校本科教学质量与教学改革工程"，也就是 "质量工程"。为进一步推动本科教学工作，切实提高本科教育质量，教育部同时下发了《教育部关于进一步深化本科教学改革全面提高教学质量的若干意见》（下文简称《意见》）。《意见》针对目前教学工作当中存在的主要问题，提出了 6 个方面、20 条具体要求，再次强调、细化了质量工程。《意见》指出，"继续推进国家精品课程建设，遴选 3000 门左右课程进行重点改革和建设，力争在教学内容、教学方法和手段、教学梯队、教材建设、教学效果等方面有较大改善，全面带动我国高等学校的课程建设水平和教学质量。"按照质量工程要求，全国 2000 多所高校深入实施高等教育质量工程，进一步深化课程建设。

精品课程建设的目的是实现精品课程与现代信息技术的广泛结合，通过开发网络教学资源，构建网络教学体系，创建开放式、资源丰富的教学网站等形式，实现学生的个性化学习和研究式学习，培养学生的自主学习能力和创新学习能力，构建一种以学生为主体、以教师为主导、以培养学生能力为目的的新型教学模式。要保证精品课程建设的可持续发展，发挥精品课程的示范、辐射作用，实现优质教学资源的共享利用、现代教育技术手段的合理运用也是精品课程建设的一项主要内容。"要使用网络进行教学与管理，相关的教学大纲、教案、习题、实验指导、参考文献目录等都要上网并免费开放，鼓励将网络课件、授课录像等上网开放，实现优质教学资源共享，带动其他课程的建设"。精品课程的申报评审也采取了网络方式进行，要求申报课程必须建立教学网站。为此，各个高校和广大教师都积极开展了精品课程平台建设及课程教学网站制作工作。已建成的精品课程网站包括两项功能：对外是向其他院校提供共享的一个课程资源网站；对内是日常教学工作的网络辅助教学或全程网络教学网站。目前，多数精品课程网站是依托学校的网络教学平台来搭建，主要包括精品课程申报网站建设和课程网站建设两个方面的内容，申报网站按照评审要求提供课程介绍、教学团队等相关信息；课程网站则通过多媒体课件、课程录像视频、在线测试和交流论坛等形式为学生提供了一个良好的学习平台。从教学内容、网页制作、网站导航等方面整合现代化资源和教材，充分利用多媒体技术，把文字、图像、声音、动画、影像等多种媒体综合起来，展示参考资料、授课录像、题库、习题等课程内容，构建多种媒体资源优势互补的、支撑网络教学的立体化资源，以便更好地辅助课堂教学，从而有效提高教学效率和质量。

为进一步推进高水平网络课程的建设，促进网络教育资源的整合与共享，推动网络教育的发展、改革和创新，提高网络教育教学质量和人才培养质量，教育部高等教育司于2007年开展了网络教育精品课程建设与申报工作。当年有192门网络教育课程参加了评审，经过网上初评和会议终审，产生了49门2007年度的网络教育精品课程。2008年有54所现代远程教育试点高校的158门网络教育课程参加申报，产生网络教育精品课程50门。网络教育精品课程的评选推动了网络课程的快速发展。

近年来，以课程整合提高教学质量为目标的课程群建设日益得到高校的重视。多所应用型本科高校尤其是高职院校积极开展了课程群建设的实践与研究。通过加强课程的整合性、综合性建设的探索，从而推动专业课程的全面优化整合，深化高等院校课程体系建设和课程改革，实现教学资源的优化配置。

（四）我国高校课程管理体制的改革与构建

我国高等教育正在从精英教育向大众教育转变，随着国际化的影响更加强大。为了使高校课程更好地为培养人才服务，满足社会各方面的要求，对于高校课程管理，政府提出了相关政策，各教育团体也提出了各自的建议，怎样构建一个良好的高校课程管理体制就成为迫切的问题。

1. 国家对高校课程管理体制的改革

我国自大学形成以来，实行的就是国家统一的课程管理体制，由国家对高校课程做统一规定和管理。比较各国课程管理体制我们也认识到，一种课程管理体制经过改造建立后，会成为本国组织管理文化的一部分，按本国社会和体制的逻辑向前发展。我国地区差异相对较大，高校课程管理体制的改革需要强有力的政府做支撑，这些都要求我国继续实行国家统一的课程管理体制。

然而，高校课程与教学、科研是紧密联系的，过于严密规划的控制会使它们受到损害，妨碍课程的发展与功能的发挥。同时过多的规章制度也会造成太多的照章办事，限制管理者的创新能力，使得庞大的组织难以对外界变化做出及时的反应，也难以防止错误的发生。这在企业管理中已有明证：20世纪60、70年代，出现了庞大的企业集团，到80、90年代就纷纷解体，因为庞大的企业内部组织难以做到全面满足顾客需要。我们认为，国家相关教育部门增设课程评估机关，这在教育部《关于加强高等学校本科教学工作提高教学质量的若干意见》（2001年4月）中已有体现。国家教育部门主要应做好以下事项。

（1）国家立法。高等教育法律是国家控制学校课程的依据和必要手段，法律一经颁布就具有强制性和稳定性。强制性意味着法律由政府强制执行，使得法律意识得到被管理对象的服从；国家不仅要制定出健全的法律，而且要针对高校课程管理的新问题不断制定相应的法律。

（2）高校课程管理制度的建立与变更。制度的建立指确定政府、高校及有关机构之间的权力、职责和隶属关系，形成有效运转的体制，更好地实现国家意图和高校的目标，从而更好地实现国家的整体利益。制度一经制定不可能一成不变，高等教育的发展必然要求重新分配各部门、各单位、各职务之间的权责，甚至取消一些部门、单位而新建一些机构，通过制度的变更以提高政府、高校的课程效能。政府在高校课程管理制度的建立与变更过程中应发挥主导作用，即政府在将高校课程管理权重新分配，扩大高校自主权，增强政府的宏观调控功能，并形成相应的机构设置，确立相应的规范中承担起主要的调节任务。

（3）提供经费。提供经费是国家管控高校课程最常用的手段。高等教育事业日益扩大，高等教育经费也随着相应增长，世界各国都出现不同程度的高等教育财政危机，给高校带来了比较大的冲击。为使高校功能的正常发挥，政府应该继续承担起提供经费的主要责任，同时鼓励资金来源的多样化。政府除提供日常经费，还可以通过提供一些有特别规定的经费来影响高校课程，如为国家急需学科设立基金、提供特定科研经费、设立重点教学改革项目、重点教材建设项目等。

（4）信息、咨询、评估等服务。国家教育部门可以协助支持或从事研究和开发工作，搜集统计资料，将其发现或成果提供给社会大众、教育政策制定者、实际课程工作者和高校，使高校课程管理工作做得更好。政府有人员的优势，可以在具体领域做出引导，主要是办学方向的确定和办学水平的评估。由国家组织有关社会组织对高校课程进行评估，健全评估体系，或者对高校课程管理提出要求、建议和展望，发挥其支持、认同的作用。这些组织都可以逐步转化成民间性专业协调机构。

2. 省、自治区、直辖市对高校课程管理体制的改革

我国高等教育体制改革的明确趋势是实行中央与省两级管理，中央主要负责大政方针、宏观规划和监督检查；对地方所属高校的具体政策、制度、计划的制定和实施以及对学校的领导和管理，责任和权力均交给地方，进一步加强省、自治区、直辖市对设在本区的国务院各部门所属高等学校的协调作用。

省级高校课程管理是实现中央简政放权，院校地方化和大众化的重要力量。我们认为，要完善高校课程的省级管理体制应该做到以下几点。

（1）建立、健全省级课程管理法规。省级高校课程管理权限必须有法律依据才能得到保障，同时通过法律规定也明确了省级课程管理的权限。

（2）省级政府要改变过去的以单一的行政手段干预高校课程的方式，综合运用统筹规划、政策引导、拨款控制、信息服务、执法监督、检查评估等多种手段，实现课程宏观管理的目标。

（3）完善省级课程管理决策系统。一是成立由政府人员、学校管理人员和有关专家组成的高校课程管理的协调机构，对省高校课程管理政策等问题进行审议。二是成立以专家为主的教学质量评估组织，对高校课程实施质量进行监督。三是省教育厅高教处应在处理高校课程、教学等业务方面安排人员，由他们接受前两个组织及省政府的领导，承担起课程管理的业务职责。当然他们对课程的管理也是以宏观为主。

（五）学校内部的课程管理体制改革

高校课程管理就内部机构设置而言，校、教务处、院系三级机构比较合理。这三级机构主要是行政管理机构，作为完善的校内课程管理体制还应该设立负责审议、咨询或决策的专业性机构和团体，后者在我国高校内部的课程管理体制中是相对缺乏的，需要建设的是校内课程管理的监督、审议机构。目前的高校学术委员会对专业的设置具有审核的权力，但难以承担起对课程的监督职责，应该在校学术委员会之下设立各专业的教学委员会，结合院系的学术委员会和教研室，吸收更多的专业教师对课程的开发、实施等过程进行评议、调节和建议。

《高等教育法》已明确规定"高等学校依法自主设置和调整学科专业"，"根据教学需要，自主制订教学计划，选编教材，组织实施教学活动"。因此高校必须对课程实施主动的管理，否则失去国家依靠，自身又无力管理调节课程，高校课程会陷入混乱，从而使高校办学水平降低，以致无法维持。作为领导层的校级和教务处主要的任务是做好课程的决策和对院系级课程方案实施的审批、监督、规划。应将具体的课程内容、专业课目设置、学时安排等课程事项交给院、系、教师处理，既然院系是校内专业思想和专业知识的汇集之处，那么就应该允许它们有更多的决策权。就某种程度来讲，这一逻辑也表明院系中的专业教师和专业管理人员由于具有专业知识并与周围环境和学生直接关联，因此应该拥有对具体课程事项的更大影响力，即教师在决定教什么、怎样教方面，拥有更大的自主权。

高校课程管理体制应该调整课程决定的权力结构，赋予高校教师更多的课程自主权力和责任。所有的课程计划或开发应给教师充分的参与机会，从课程的最初计划到最后课程产出的整个过程，教师都是参与的伙伴。教师的观点、建议应得到妥善采纳和处理，并在课程中体现出来。行政人员要鼓励教师控制教学过程，即在高校课程的编制、实施和评估反馈的循环中，扩大教师专业能力对课程的管理。

高校课程管理还有一个不可忽视的群体——学生。学生在课程等学术性事务中不占主导地位，但对课程的形式、时间安排和某些课目的设置有很大的影响，因此学生也是课程评价反馈的重要力量。应给学生更大的专业和课程的选择权，实行比较完全的学分制，使课程形式更加灵活，以适应和满足不同学生的需求。另外，应通过教务处、院系积极吸取学生对课程的要求、评价等反馈意见，使课程得以更好地改进。

三、高校学生管理

21 世纪是知识和信息的时代，我们面临的经济和政治环境已经发生了深刻的变化。对于在校的大学生来说，他们是未来社会的知识精英和国家未来的栋梁，他们的素质如何，将直接关系到我国社会主义事业是否后继有人，关系到中华民族的伟大复兴。高等学校是培养和造就适应新世纪社会发展的合格人才的基地，其培养的目标是具有创新精神和实践能力的高级人才。科学、规范、创新的学生管理工作是实现这一目标的重要保证。学生管理工作是高校各项工作的主要组成部分，它体现着一个学校的校风、校貌，是一个学校管理水平高低的重要标志，而学校管理水平的高低已成为衡量学校综合水平和学生素质的一个标准。在当前全国范围内大规模扩大高校招生、高校后勤社会化改革、并轨后的"双选"就业政策等新形势下，高校学生管理工作出现了许多新情况、新问题。如何使学生管理工作科学化、制度化、法治化，培养出大批合格的人才，是当前学校管理研究的一个重要课题，也是公共管理学研究的重要内容。

学生管理工作是高校教育教学工作的重要组成部分。近年来，随着我国社会体制改革和高等教育改革的进一步深化，大学生的学习和生活环境发生了新的变化，高校学生管理工作也面临新的挑战。

当前，学生管理工作面临的问题有：管理体制改革相对滞后，管理方法陈旧，管理制度不健全。随着我国社会主义市场经济体制的逐步建立和完善，当代大学生成长的外部环境和内在因素发生了很大的变化。教学管理制度的改革、收费制度的改革、高校后勤社会化、就业形势严峻等，都给学生管理工作带来了许多思想认识和教育观念方面的新问题，互联网的负面效应也对高校学生管理工作提出了新的挑战。加强和改进高校学生管理工作的对策是明确管理目标的基础上，树立科学的管理理念。高校学生管理工作应变被动为主动，以人为本，强调学生的主体性，注重学生的主观特性，尊重学生的个性发展；坚持教育与管理相结合，强化学生自我管理。在此基础上，还应积极探索新的管理模式，完善学生管理体制，建立变分散为集中的管理，变多中心"小而全"为集中的"精而专"，变间接管理为直接管理；健全学生管理制度，使高校管理科学化、法治化；积极运用管理进网络、管理进社团、管理进公寓等新手段，拓展学生管理工作空间，运用现代化的教育管理手段，使高校学生管理工作进一步科学化、制度化、规范化。

（一）当代大学生的特点

学生管理工作是高校教育教学工作的重要组成部分。近年来随着我国社会改革和高等教育改革的进一步深化，大学生的学习和生活环境发生了新的变化，高校学生管理工作也面临新的挑战。大学生这个特殊群体的特点决定了学生管理工作的特点。

1. 思想认识多元化

改革开放以来，特别是现阶段社会转型时期，大学生成为社会上一个醒目而特殊的群体。作为学生管理工作的客体，大学生一般具有以下特征：一是思想具有社会性。大学生思想状态源于社会，紧跟时代步伐，社会上的一切重大情况、现象及其对青年的影响都会在大学生身上表现出来。二是认知具有能动性。大学生是最富有主观能动性和积极创造性的群体，他们在接受思想政治教育时往往从自己的主观出发，具有主动的选择意向，这也体现了他们独具个性的自我认知状态。三是身心的可变性。大学生是一群从生理到心理正在趋向成熟的群体，特别是在心理上、思想上，可塑性极大。在时代变迁、社会转型的背景下，有理想、有追求是当代大学生的主体要求。通过大量的问卷调查和座谈会记录的分析，可以肯定的是，当代大学生的主流是好的。他们是热爱党、热爱社会主义的。他们有较高的思想素质和道德观念，有较强的责任感和使命感，其思想状况可以概括为以下几个方面。

（1）爱国热情高涨，理想信念坚定。调查结果表明，从总体上看，当前大学生的思想政治状况是积极、健康、向上的，主流是好的。令人欣喜的是，大学生保持了较高的爱国热情，能理性地看待国家改革、发展面临的机遇和困难，对保持稳定的政治局势和经济的可持续发展有信心。

（2）健康积极看待人生，务实进取实现自我。调查结果表明，健康积极、务实进取是大学生人生观和价值观的主流。相比以往，今天的大学生更加注重自我价值的实现，并渴望能将对社会的贡献和个人价值的实现统一起来。

大学生健康积极的人生态度主要表现在绝大多数学生的基本价值判断上。比如，评价什么是"成功"，在学生的答案中排在前三位的分别是"对社会和集体贡献的大小""取得社会声望的高低"和"拥有精神财富的多少"。其中近八成的学生把对社会和集体的贡献放在了第一位；在人与人之间关系的问题上，大多数学生反对"人与人之间只有永恒的利益，没有永恒的友谊"这一观点；针对"帮助别人往往会使自己吃亏"的观点，大多数学生明确表示反对。

大学生务实进取，有着强烈的社会责任感和历史责任感。他们渴望施展才华，为国家和社会做出自己的贡献。在处理个人、集体、国家三者利益关系的问题上，大多数学生认为"在关键时刻个人利益要服从国家和集体的利益"。这一点从大学生"最想说的一句话"中也可以看出，不少学生写道："为中华民族的崛起而学习""胸怀祖国，报效人民""努力学习，报效祖国"。对于社会公益活动，如献血和志愿者服务等，绝大多数学生表示乐于参加。调查结果同时也表明，尽管大学生人生观、价值观的主流是健康向上，在价值判断上高度认同奉献精神、社会责任感、国家和集体的利益高于一切等。但在具体的价值选择上，部分大学生更加注重自我发展、自我实现，这使得大学生的人生观、价值观呈现出多样化的特征。

（3）**拥护高等教育改革，注重全面素质提高。**随着我国高等教育改革的不断深入，改革的成果正在逐步显现出来。大学生作为这些改革措施最直接的受益者，自然成了高等教育改革的拥护者和促进者。与改革相伴而来的是竞争的加剧，就业的压力激发了学生成功、成才的愿望和自觉性，使大学生更加注重自身素质的提高。

调查表明，大学生十分关注学校的建设和发展，对高等教育改革，特别是其中有利于自身发展、提升自己社会竞争力的改革高度认同。绝大多数学生赞同全面推进素质教育、深化教学改革，对改革毕业生就业制度和鼓励大学生自主创业持肯定态度。大学生们普遍反映，高校后勤社会化改革转变了高校后勤的社会服务意识和服务观念，使学校的学习、生活条件有了一定的改善。调查还显示，身处校园的大学生已深知社会竞争的激烈，他们渴望通过大学的学习来丰富和完善自己，占领就业上的制高点，赢得发展上的主动。相比以往，大学校园学习气氛更加浓厚，学风也有了明显好转。调查同时显示，虽然大学生对于高等教育改革的政策和措施总体上持拥护态度，但对涉及自身利益调整的有关改革举措则心态复杂。例如，对于"缴费上学"的看法，绝大多数学生赞同完善和健全资助困难学生的政策，原因是近年来高校学费的调整和学习、生活费用的上涨，使大学生面临越来越大的经济压力，对改革的承受能力已接近极限。在大学生"感到最苦恼的事项"中，"上学费用高，经济困难"排在了比较突出的第三位。

高等教育改革的中心目标是培养高质量的人才，满足社会需求，进而促进社会的发展，而社会的发展又给大学生带来了施展才华的舞台和成才的机遇。因此，教育改革的目标与学生的成才愿望根本上是一致的，这使大学生成了高等教育改革的积极拥护者。

对当代大学生静态观察比较乐观，动态分析则有一些问题值得忧虑。由于社会和家庭环境等多方面的影响，大学生在智能结构、性格特征、心理品质和社会使命感等方面又存在与同龄人不同的表现。

①自我意识突出，自主性较强。由于知识储备的增加，大学生不再像普通器皿一样，满足于被动接纳和盲目遵从某种既定的社会价值范畴，也不会简单地依赖教师、家庭和社会的赏罚来强化自我意识。他们追求自我选择、自我内化，这是大学生与同龄人区别的最显著的标志。由于大学生自我意识突出、自主性较强，他们会千方百计地实现自我价值，使大学生群体呈现出勇于创新、勇于冒尖的勃勃生机。但是，如果有的学生自主选择不当，选择的方向和内容就会与社会要求不相适应。因此，加强大学生管理工作，帮助他们树立正确的人生观和价值观，引导他们把自我价值的实现与国家、社会的需要紧密地结合起来，是十分必要的。

②逆反心理突出。高校的大学生对社会热点问题较同龄人更为敏感，对现实的思考具有独到的见解。有些大学生喜好把对这些问题的分析和见解建立在反感现实的意念和偏激

的论调上，以炫耀自己的标新立异。他们对于各种学术流派和思想乐于涉猎，特别是对与社会主流思想不一致的思潮容易产生浓厚的兴趣，有的甚至盲目追求，这往往是缺乏科学分析和理性思想的表现。高校学生管理工作既要保护大学生善于思考、关心时政的积极性，又要帮助大学生善辨良莠，理性地看待问题，提高他们科学分析问题的能力。

③社会责任感呈现情绪化色彩。大学生具有较强的社会责任感，但是由于缺乏社会实践的锻炼，社会经验不足，大学生的社会责任感往往带有深厚的情绪色彩，或好大喜功，或悲观低调，或盲目冲动，在社会发生重大事件的关键时刻常常失之偏颇，导致事件的后果和初衷相悖。这更加说明要加强学生管理工作，时刻关注他们的思想动态，引导、帮助大学生健康成长。总之，当代大学生在实际操作层面趋于务实，强烈反对形式主义，但在思考的深层次却常常陷入迷茫困惑。他们成才意识强、参与意识强、个体意识强，但服务意识弱、协调意识弱、集体意识弱。大学生在分析和处理问题时，更多地采用生产力标准，而较少采用生产关系和意识形态标准；更多地采用市场经济原则尤其是等价交换原则，而较少采用我国传统社会道德准则尤其是奉献精神；更多地采用个人实际利益第一标准，而较少采用"公众意识"标准。对待社会，批判意识较强，建设意识较强，但抱负和能力常常不对称。在大学生生活习惯方面，还必须注意社会上不良风气对大学生的侵蚀，如享乐主义、情感泛滥主义、庸俗实用主义等。它们败坏了最基本的道德底线，影响了学生的成长，增加了高校学生管理工作的难度。

2. 生活学习方式多样化

学生从高中升入大学后，就进入人生一个新的起点。不管是在学习上还是在生活上，都会与原来有很大的不同。

（1）生活方式多样化。生活方式是指人们在衣、食、住、行、爱好、文化活动、民俗风气等方面的方式和行为习惯。据调查，在大学里每一个学生的生活方式都不尽相同，有的学生把自己大量的时间都放在学习上；有的学生却经常旷课去上网；有的学生利用业余时间来打工挣钱；有的学生喜欢运动；有的学生喜欢和同学们结伴去旅游；有的学生生活起居很有规律；有的学生生活起居无规律。

（2）学习方式多样化。进入大学后，大学生普遍感到知识浩如烟海，各类活动繁多，这为每个人的发展提供了广阔的天地。以什么样的学习方式才可以处理好课本知识与课外知识、专业学习与能力培养等诸多方面的关系，是许多大学生深感矛盾、困惑的问题。大学生的学习除了听课这一主要途径外，还有自学途径、学术交流途径、多媒体教学途径、社会实践途径等。当然，这些学习途径中小学时期在一定程度上也存在，但在大学里，这些途径更易被大学生采用。有的同学能充分利用各种途径学习，而有的同学只会听教师讲课，大学生中有这样的极少数人，读了几年大学，却不知道如何从图书馆里查阅自己所需的资料。因此，以多样化的学习方式进行学习，是大学生必须掌握的一项基本功。

大学生学习和获得知识的方式和渠道多种多样，随着学分制的推行和素质教育要求的提出，大学生自选专业、自修课程、自定目标、自我发展的意识相对增强；随着高校大学生居住公寓化和后勤服务社会化的不断完善，大学生以班集体为主体的学生基本组织形式将逐渐弱化，因住宿、生活、学习而结识在一起的大学生群体逐步在增强和扩大，这些都是大学生学习方式和组织形式多元化的具体表现。

大学生在通过网络获取知识和信息的同时，也在一定程度上受到了网络的负面影响，其负面作用是不可忽视的。一部分学生上网是为了获取学习所需的资料，但也有一部分学生却利用网络进行一些与学习无关的活动。现在网络管理还不完善，网络内容形形色色、五花八门，甚至一些外国不健康的信息进入网站，这些都严重影响着大学生的学习和生活。

3. 性格特征复杂化

大学生性格特征的复杂化主要在以下几种现象中特别突出。

（1）务实与实惠的调和。大学生能较冷静理智地看待社会实际，但更多地关注与他们自身的生存发展相关的社会实际。个人发展机会、职位的高低和工资收入成为大学生择业的重要评价指标或选择条件。

（2）渴望与满足的不协调性。大学生迫切希望了解新知识、吸收新观念，自主选择知识学习的愿望较为强烈，选择知识的目的性逐步增强。但只满足于热门、自己的喜好和眼前的需要，对自己的业务知识、能力水平、综合素质等方面缺乏正确的判断，并缺少更高、更全面、更长远的目标与要求。

（3）心理及个性化发展的不协调性。现在的大学生中，独生子女的比例较高，他们具有较强的自我意识、竞争意识和自强精神，追求个性化发展。因此，他们的集体主义观念、团队协作精神较弱，自控能力较差，心理素质不高。一些大学生因学习和就业的压力、恋爱受挫、环境不适、人际关系不协调等原因，容易产生心理障碍，出现厌学厌世的现象。一些大学生对学校、社会的期望值较高，但对社会竞争激烈的复杂性认识不够；自我意识较强，重视自我价值，但对实现自我价值的困难认识不足。

（二）高校学生管理面临的问题

高校作为培养人才的重要基地，其培养的目标是具有创新精神和实践能力的高级人才。科学、规范的学生管理工作是实现这一目标的重要保证。学生管理工作是高校教育教学工作的重要组成部分，它对于全面贯彻党的教育方针，培养国家经济建设所需的"四有"大学生具有重要意义。当今，世界多极化、经济全球化、文化多元化的趋势日益增强。全球经济的竞争与合作、政治的分化与重组、文明的冲突与融合都不断发生变化。正确的与错误的、进步的与落后的思想、文化、观念、信息相互交织、相互影响、相互激荡。在这样复杂多变的世界大环境中，我国的改革开放也在不断深入，市场经济迅猛发展，促使全社会范围的经济成分、利益主体、社会组织、生活方式和就业形势等方面日趋多样化。这些新形势、新情况、新问题从不同的层面、不同的角度，并以不同的形式渗透到高等学校。随着我国高等教育事业的不断发展，高等教育体制改革日益推进，高校学生管理工作者要以邓小平理论和"三个代表"重要思想、科学发展观、习近平新时代中国特色社会主义思想为指导，教育、引导大学生适应市场对人才的需要，培养政治上坚定、有开拓创新精神、具有良好内在品质的合格人才。

1. 管理体制相对滞后

在不同的历史阶段，高校学生管理工作有着不同的外部环境和影响因素，学生管理工作因而呈现出不同的组织结构和体制特征。新中国成立后的17年，全国范围内基本通行的是"分散管理"的管理体制，在20世纪80年代初，部分高校开始出现20世纪90年代以来全国高校普遍施行的"专兼管理"的管理体制。

"专兼管理"是指学校设立了学生工作处和学生工作部。学生工作处（部）作为高校学生工作的最主要和最重要的管理部门，承担着近全部的学生事务及其管理工作。团委作为另一个重要部门，主要承担学生课外活动和校园文化活动的组织和管理，其他部门履行部分学生工作管理的职能。各高校出于加强学生思想政治工作和纪律管理的需要，同时因为学生事务的增加、学校管理部门的职能进一步分化等原因，都普遍设立了学生工作处。为了协调行政管理和思想教育两方面的工作，一些高校又在学生工作处的基础上设立了学生工作部。学工部作为党委部门，其职能是领导和协调学生思想政治工作。在此基础上，许多高校还成立了校党委和校行政领导下的学生工作委员会，学生工作处（部）作为其办事机构，承担高校学生管理工作的主要任务。

整个学校的学生管理工作要形成专兼结合、齐抓共管的局面。在校一级，党总支副书记对学生管理工作负领导责任，吸纳党总支办公室主任和团总支书记，成立学生工作领导小组，以指导和协调全校的学生工作。各班（年级）配备班（年级）主任或辅导员，加强日常的思想教育和管理工作。高校内部基本形成了分工明确、专兼结合、齐抓共管，校、系两级职责分明、条块结合的学生工作网络和运行机制。立体的机构及实施系统也就是我们前面所说的"分散管理"的管理体制。这一时期，学生管理工作的权限分散在学校许多部门，学生管理工作的职能由这些部门分别实施。在系一级，学生工作主要由系总支负责，年级和班级设立辅导员。辅导员承担所有学生事务，他们"融党政于一体，集教育管理于一身"，充当起学校最为基层的学生工作者。这一时期，系一级组织具有较大的管理权限．学生工作的运行机制在较大程度上表现为"以块为主"。

20世纪80年代以来，随着市场经济的发展和完善，学生管理的内容与日俱增，市场经济的发展对高校学生管理产生了深刻的影响。譬如，学生工作的部分管理职能正在向服务职能转化；大学生就业正在由计划分配向双向选择、自主择业转化；固定学制正在向弹性学制转化；经济困难学生的资助由原来的发放助学金、困难补助向助学贷款和勤工助学转化等。这一系列变化都需要有新的、完整的学生管理系统来保证实施，而这个系统的建立尚未完全形成。

2. 管理方法陈旧

高校学生管理仍然是依赖于正规的金字塔管理系统的行政命令式管理，管理具体工作基本上是向下传达精神、向上汇报工作。

现有的管理模式忽视了大学生的自我教育和自我管理能力的培养。除了少数学生干部有机会锻炼组织管理能力外，绝大多数学生都没有培养和锻炼组织管理能力的机会。即使是这少数的学生干部，也只是学会了一些组织实施中的监督控制能力。同时，现在的高校学生工作没有紧紧围绕培养人这个中心，只是为管理而活动。仅有的大学生自我管理往往是自发的，水平不高，效果也不是很好。没有充分发掘学生的潜能来实现自我管理，以达到既培养学生的综合创新素质，又减轻工作人员负担的效果。

3. 管理制度不健全

我国教育改革与发展已进入前所未有的攻坚阶段，而高校作为最基本的教育主体则承担着教育发展和不断创新的重任。实现高校学生工作管理模式的科学化、规范化、法制化，已成为亟待解决的问题。当前我国高校管理制度仍不健全、不完善，各高校有关学生管理方面的规定林林总总、各具特色，但总的特征是抽象、笼统、粗糙。有的高校的一些处罚性条款，尤其是对学生处以勒令退学或开除处分的规定，往往本身就不合法。随着依法治国步伐的加快，在校学生权利意识、法律意识增强，这些都对原有的学生管理理念、制度和方法产生了冲击，对高校原有的管理体制提出了挑战。要改变这种被动的局面，赢得主动，必须依法治校，学生管理必须实现民主法制化。

（三）加强和改进高校学生管理工作的对策

1. 树立科学的管理理念

（1）明确管理目标。在教育界，当前最关键的就是"素质教育"。有学者认为，所谓的"素质教育"和"应试教育"其实质不是过程而是结果。我们到底要培养什么样的学生，从理论上是要培养社会主义现代化建设的优秀人才，至少也得是合格人才。笔者认为从三个方面去考核管理目标是比较合理的。

①心态方面。心态其实是决定一切的。这个心态应该是科学的、贴近实际的、符合社会发展方向的、中西方先进理念相结合等。

②对中西方文化要有兼容性。应该说，中西方文化并不是对立的，它们都是现代文明的一笔丰厚的遗产。独生子女一代被多位老人宠爱，表现出来的往往是过于自私的一面。

要培养他们有付出的心态，要特别注意培养他们的团队合作能力，要组织他们共同做事情，潜移默化地告诉他们合作的重要性。市场经济是法制经济，这对我国传统的人治经济是一个挑战。要告诉他们我们的国家正在朝着这个方向走，同时也不能操之过急，要有过程，但法制经济肯定是大势所趋。这一代大学生要走在前面，要用正确的理念引导他们。

③知识和科技创造性的模仿。先把西方的先进技术和理念拿来实践，然后消化、提高。要培养大学生的模仿性创新意识，锻炼他们的能力。

（2）树立科学的管理理念。新世纪高素质、高质量的人才是具有高度责任感、熟悉中国国情、致力于解决中国及世界经济建设和社会发展中的实际问题的人才；是具有创新精神、创业精神、创新能力、实践能力，有能力解决中国及世界经济建设和社会发展实际问题的人才；是能活跃于国际舞台、活跃于信息化时代、活跃于市场经济条件下的竞争环境、活跃于终身学习社会的人才。而高校的任务正是要为社会培养出这样的人才，因此就需要高校树立科学的管理理念。

2. 完善学生管理体制

学生管理是对在校大学生的全方位管理，内容比较广泛，涉及学校的多个部门，需要各部门协调一致，理顺各部门关系形成合力，以应对学生管理面临的新问题。在高校学生管理工作中，一是要加强学生工作机构的建设，强化其组织协调功能，理顺学生管理系统各部门、各层次、各岗位的职责、权限关系，建立健全责任制，做到责任到岗，责任到人，责、权、利相统一。二是要适当放权，发挥基层作用。现行的高校管理体制是以校、系两级职责分明、条块结合的学习工作网络和运行机制为显著特征的，校、系应担负起对学生进行思想教育和行政管理的双重任务。因此，既要赋予系开展学生管理工作的职责，又要让其拥有开展学生管理工作所需要的权力，做到责权统一。适当下放管理权限给系，便于其发现问题及时教育处理，提高管理工作的实效性。三是进一步推行校系一级学生工作体制的党政融洽、协调统一。四是实行年级辅导员制，与学分制相适应。强化以系为单位的年级管理，进一步增强班级管理、专业教学之间的融合力度。但并不否定班级管理，因为在学分制条件下，学生班级仍然是一个重要的学生单元组合，应纳入学生管理体制。

鉴于过去的传统和现在高校学生管理体制的基础，笔者对完善学生管理体制的设想是，成立"精而专"的学生教育管理部。高校理所当然地要承担起我国社会主义建设继往开来的历史重任，使新一代不仅掌握现代科学技术，更重要的是接好社会主义的班。这是我国高等教育坚持社会主义政治方向的最大特色和根本保证。当前，我国高校学生管理实行的是党政合一、条块结合、纵横联合、两级运行的管理体制。只有变分散管理为集中管理，变多中心"小而全"为集中的"精而专"，变间接管理为直接管理，才能更好地为贯彻实施思想教育计划，提供可靠的组织保证。

当前，我国高校学生管理工作体制的模式是"专兼管理"，即以学生工作处（部）为专门机构，协调校内的团委、宣传部、德育教研室、保卫处、教务处、后勤处等部门开展工作。笔者认为，学生工作要实现"精而专"，就是要将当前兼职部门分管的所有学生事务都划归学生工作管理系统——学生教育管理部。它主要包括日常管理办公室、学生资助管理中心、招生就业办公室、团委办公室、思想政治管理办公室、心理咨询中心等。其中，由日常管理中心负责对全校学生进行学籍、档案、日常、处分等管理；由学生资助管理中心负责勤工助学、困难学生资助、助学贷款、学生评优等管理；由招生就业中心负责招收学生、学生毕业就业联系等管理；由团委负责学生课外活动、校园文化活动、第二课堂等的组织和管理；由思想政治管理中心负责学生思想政治、德育、形势政策等教育的管理；由心理咨询中心负责学生心理方面的咨询与研究。每个管理部门直接面对辅导员，由辅导员再做下一级管理。

这种管理体制结构就是对现有的学生管理机构进行分化和整合，将学生工作从各基层单位中分离出来，形成功能专一的新机构，建立直属学生工作党委副书记或副校长领导的多个中心和办公室。学生教育管理部受学校党委及校长直接领导，实行管理上的直线职能制。这样便可以形成分工明确、职责范围清楚、管理专业化程度高的学生管理队伍，便于学生管理上水平、上台阶。比如，变间接管理为直接管理。它有利于学校直接深入学生工作，建立专业队伍，改变以往由各系负责，学校间接领导的状况，取消系一级对学生管理的中间环节，克服多头领导的弊端，提高工作效率，形成畅通的信息渠道，使学生管理工作实现高效率。再如，变"小而全"为集中的"精而专"。由于现行的学生管理体制实行各系负责制，在全校范围内形成了学生管理工作的多中心，而对各系部来讲，"小而全"的学生管理工作与教学、科研等相并列，很难将学生管理工作摆在突出的位置，各系领导也没有太多的精力。

集中管理就是要破除现有体制，将学生管理工作从各基层单位分离出来，形成专一的学生工作体系。首先，它有利于学生教育管理工作向科学化、专业化发展。由于成立了学生教育管理部，摆脱了政出多门、各行其是的复杂局面，使政出一门、步调一致减少了中间环节，避免了推诿扯皮，使工作更加迅捷有效；由于工作目标的一致性、工作性质的稳定性与专一性，为学生管理的专业化奠定了基础；又由于在这种体制下，各系不再管理学生，系领导可以集中力量抓教学改革，有利于提高教学质量和科研水平。其次，它完善了学生服务体系。21世纪学生教育管理工作发生了重大变化，其所包含的内容复杂，而学生教育管理部实现了招生、勤工助学、国家助学贷款、奖惩、心理咨询、就业一条龙服务，为学生健康成长、顺利完成学业提供了可靠的服务。再次，它有利于提高工作效率。由于成立了学生教育管理部，在对学生进行统一管理的同时，全体学生管理干部也统一归口，集中管理。由于人员归属性质的一致性，为有计划、有目的地培养、提高学生管理干部的素质提供了条件。集中管理，统一使用，也便于工作的合理安排，提高工作效率。

3. 健全学生管理制度

学生是学校最大的群体，学生管理工作的成效直接关系到整个高校的稳定与发展。高教改革迅猛发展，使大学成为没有"围墙"的校园。大学生智商高、知识面广、观念更新周期短、法律意识不断增强，大学生个体之间、个体与学校之间的权利关系也变得更加复杂。这迫切要求学生管理工作运用法律和规章制度，调节规范各主体之间的关系。依法治校、依法对大学生进行教育和管理是高等教育的任务，也是高校学生管理工作的指导思想。因此，建立科学、规范、完整的学生工作规章制度是学生管理工作的需要。高校应按照国家的有关法律规定，依据本校实际情况制定完整的、可操作性强的程序、步骤和规章制度，并以此规范学生的行为，实施有效的管理。

首先，高校在对学生的管理中，必须依法制定全方位的规章制度，并对现有的规章和条例进行清理和修订。过去行之有效的方法和改革成果应予以继承，同时要充分考虑整个社会法制的进步和依法治校原则对学生管理的要求。无论是修订原有的规章制度，还是重新制订规章制度，都要注意与国家的法律法规、方针政策相一致。在规范管理的同时，要注意保护学生享有的合法权益，真正体现法律的价值。

其次，要纠正一种错误观念，即仅把法律作为一种工具和手段来治理学校和办理一切事情，把法制化管理理解为"以罚治校，以罚代管"。"管理"并非管制，"管理"是管理和服务的统一，要把法律作为管理学校的依据和最高权威。因为法律除具有惩罚、警戒、预防违法行为的功能外，更重要的是还有评价、指引、预测人们的行为，保护、奖励合法行为以及思想教育等基础功能。

再次，建立学生救济机制，保护学生的合法权益。要严格按照法律的规定进行管理，禁止侵犯学生权利行为的发生。可以建立学生申诉制度，使学生权利得到保障。

4. 改进学生管理方式

高校学生管理工作应以改革创新的精神，积极探索新途径、新方法、新手段，大力推进学生管理工作进网络、进社团、进公寓，形成学生管理的新格局。

（1）学生管理工作进网络。网络技术使教育发生了根本变革，它日益成为高校大学生获取知识和各种信息的重要手段。网络文化具有内容丰富、传播快捷、环境开放、覆盖面广、难以监控等特点。它是一把"双刃剑"，既给高校学生管理工作创造了良好的机遇，又使高校学生管理工作面临严峻挑战。高校应充分利用网络这一现代化手段，搭建起有效的信息网络，积极拓展高校学生管理工作的新领域。

计算机技术是信息时代的高科技技术，是大学生必须掌握的一门应用技术。因此，要正确引导和教育学生健康地使用计算机，真正提高大学生的网络知识层次和上网水平。一是要加强网络道德和心理素质教育，增强大学生的自控能力。应定期举办网络知识和网络心理讲座，对上网同学从思想上进行正反两个方面的教育，树立学生的责任意识。要让他们知道在上网的过程中，什么内容是不健康的、什么行为是不道德的和违法的，以增强他们的辨别是非能力。二是要加强网络管理，严格入网要求，以防止有害信息的侵蚀。一方面，要提高校园网主页质量，另一方面，要加强与校外网吧的联系，帮助学生走上健康之路。三是要引导大学生开展一些丰富多彩、健康向上的活动，多举办一些与学生相关的计算机知识竞赛和问答。四是要培养团队精神，增加人际交往，实现师生之间、学生之间、学生与学校之间的网上交流，拓宽学生思想教育工作的渠道。五是要培养、建立一支精干、高效的学生管理工作队伍。学生管理工作者应掌握网络信息技术，学习网上教育方法，及时收集、分析、监控网络信息，发现学生关注的热点、难点问题，尤其是带倾向性、群体性的问题，应及时采取有效措施，有针对性地做好工作。

（2）学生管理工作进社团。校园文化是以学生为主体，以课外活动为主要手段，以校园精神为主要特征的群体文化。生机蓬勃、稳定和谐、健康向上的校园文化氛围，可以使大学生在参与中陶冶情操、规范行为、开启智慧，产生一种归属感和安全感，有利于增强大学生客观认识自我、完善自我以及自我判断、自我发展的能力。在素质教育大旗的引领下，高校社团如雨后春笋般兴起，形成了一股"创立社团热"，社团文化建设已成为校园文化建设的一个核心内容。应该说，无论是早期的文学社、艺术团、学术沙龙，还是近期的公关协会、科技开发中心等，都是青年学生在不同层次需求的驱动下展示才华、锻炼能力、加强联系、获得沟通的好场所。其中不少社团也是教育者理解学生，调适教育行为，提高教育效果的好渠道。高校学生管理工作者应该充分利用社团，积极开展思想指导和管理工作。

首先，要提高校园社团文化的活动层次。目前，校园社团文化建设中存在"三多三少"现象，即娱乐型的内容多，启迪型、思考型的内容少；各种社团名目多，而真正有吸引力的社团少；校内活动多，而能拿出去的东西少。究其原因，主要是社团文化活动的层次较低造成的。因此，加强校园社团文化建设就要努力提高社团文化建设的层次，使它接近或略微超过大学生的理解能力和欣赏水平，从而更适合大学生的口味。

其次，要加强学生社团的规范与管理。学生社团是学生自我管理、自我教育的重要形式。学校要加强对社团组织的管理，使社团在开展活动时注意遵循以下原则：一是学生社团必须服从学校的领导和管理，学生社团应在法律、宪法和校纪校规范围内活动；不得从事与社团宗旨相违背的活动；二是学生社团邀请校外人员到学校进行社会政治和学术活动，须经学校同意；三是学生社团面向校内的刊物，须经学校批准，并接受学校管理。

再次，要注意坚持开展校园社团文化活动的长期性与实效性。有些地方开展校园文化活动存在着节日时活动一哄而上，平时则活动寥寥的现象。或者活动只注重表面，仅追求轰动效应，摆花架子做表面文章，不注重学生从活动中获益。这样的活动与教育目标是背道而驰的，与我们校园文化建设的要求也是格格不入的，应该力戒在工作中出现。

（3）学生管理工作进公寓。随着高校后勤服务社会化步伐的加快，学生公寓的环境氛围、文化设施、管理服务的质量，以及公寓的管理模式都对传统的高校学生管理工作提出了新的挑战，也给高校的稳定发展带来了新的问题。因此，学生管理工作进公寓是高等教育改革与发展的时代要求，是高校学生管理工作者的战略抉择。学生管理工作进公寓是一项全新的工作，也是一项艰巨的任务。我们要根据当前学生公寓管理特点，建立学生管理工作新的组织形式、工作机制。比如，辅导员进驻学生公寓，与学生同吃、同住、同生活；把学生党团组织建到公寓，充分发挥党团组织引导人、团结人、凝聚人的作用；建立学生公寓的自我管理组织，努力把学生公寓建成学生自我教育、自我管理、自我服务的场所；积极组织开展公寓文化建设活动，为学生管理工作创造良好的环境条件和氛围等。学生管理工作进公寓，要特别重视加强对大学生集群行为的控制与引导。客观上，高校学生住宿的公寓化，容易引发学生的集群行为。而大学生的集群行为具有行为过程的失控性、行为后果的破坏性等特点，一旦对学生的集群行为失去控制，极易扰乱校园秩序。因此，一方面要教育引导大学生全面、客观、辩证地思考问题；另一方面要建立正常的信息反馈和对话机制，针对问题，因势利导，及时进行情绪疏导，从而加强对大学生集群行为的控制与引导。

21 世纪需要的是综合素质高且具有创新精神和实践能力的高级人才。要实现这一目标，新形势下高校学生管理工作必须变被动为主动，确立以人为中心的管理思想。把学生看成既是管理对象，又是管理的主体，在管理中充分发扬民主，调动大学生的积极性，加强自我管理。同时，我们还需要不断加强学生管理工作队伍建设，探索新的管理模式，运用现代化的教育管理手段，使高校学生管理工作进一步科学化、制度化、规范化。我们相信，只要不断学习和积极探索，高校学生管理工作一定能适应新形势的要求，为人才的培养做出更大的贡献。

四、高校课程考试管理

课程考试是高等教育教学过程中的一个重要环节，是评价教学得失和教学工作信息反馈的一种手段，也是稳定教学秩序、保证教学质量的重要途径之一。因此，如何搞好高校课程考试管理，使之科学化、规范化、合理化，是高校教学管理工作的一项重要内容。

（一）高校课程考试管理概述

考试的概念有广义和狭义之分，本书中的"考试"是狭义的考试。即由主试者根据一定的社会要求，在一定的场所，采取一定的方式方法，选择适当的内容，对应试者的德、学、才、识、体等诸方面或某方面所进行的有组织、有目的的测度或甄别活动。因其性质、目的、内容、方法、手段的不同，考试可分为众多类型，如根据目的的不同，考试可以分为配置性考试、形成性考试、总结性考试和选拔性考试，课程考试就包含了其中的形成性考试和总结性考试。形成性考试是在教学过程中进行的各种测试，主要目的是了解教学效果，及时发现教学过程中存在的问题，以便改进，并为平时成绩的评定提供依据。总结性考试是在课程结束后进行的，主要目的是督促学生全面系统地复习，并对学生的学习效果和教师的教学效果做出评价。

高校课程考试是指高校内部根据课程教学目标的要求和高校教育目标的具体规定，自行主持实施的考试活动，包括平时测评和学期考试。其基本任务是检测学生的学习成绩，督促学生学习，发现教学中存在的问题。其目的在于掌握高校的教学情况，改进教学和督促高校教育目标的实现。其功能可归结为下述五种：第一，检查测评功能，即检查和评定学生对课程大纲所规定的基本知识、基本原理的掌握程度。考评和检测学生运用所学的基础理论在实践过程中分析问题、解决问题的能力、创造力和潜力。第二，导向功能，即"指挥棒"作用。通过对考试内容、考试形式的合理安排，引导学生的学习，使学生达到预定的培养目标；通过严密的考试规程以及考试结果的客观评价、公正使用，能培养受教育者务实求真、遵规守纪、崇尚科学的习惯，增强行为主体的责任感、公德意识。第三，激励功能。考试作为一种检查学生学习效果的手段有着反馈作用，而反馈结果又对学生起着激励作用。考试结果可以反映学生的知识掌握程度和能力发展情况，以及所存在的问题。此外，考试作为一种检查教学成果的手段，对教师有着激励作用。考试结果反映了学生的学习情况，而学习情况又反映了教师的教学投入、教学内容、教学方法和总体教学水平，教师可通过考试结果总结发现薄弱环节。第四，鉴定功能。教育管理部门在对考试结果的分析、认可后，依据有关规定对学生、教师和教学管理人员进行鉴别，以区别优劣，进行奖惩。第五，系统整合功能。由于学生平时学习节奏较慢，章节之间难以做到全面领会，而考试来临之际，学生已完整地学过一门课程的理论，他们可以将所学的基本知识和基本技能进行系统、全面地归纳、整理，进一步地将所学的各部分内容有机地联系起来，以达到融会贯通的目的。学生的归纳综合能力、思维能力、创造能力和自悟能力在这一过程中可以得到全面系统的综合发展。考试功效的实现是需要一定条件的，离开了一定的条件，考试功效非但不能实现，甚至会严重地扭曲。那么，这一定的条件是什么呢？它就是量尺标准、实施规范、结果真实和使用公正，其中任何一方面出现偏差，都将影响考试功效的正常发挥。而这些条件的创设，就必须依靠严密科学的考试管理。

考试管理是以考试活动为对象，以提高考试活动效率、实现考试活动预期目标为目的的专门性的管理活动。高校课程考试管理则是以高校课程考试为对象，以提高考试活动效率，检测教师课堂教学质量，发现教学中存在的问题，充分评估学生的学习效果和学习创造能力为目的的管理活动，严密科学的考试管理具有如下功能。

1. 维护考试的权威

现代社会中的各种考试都有其特定的目的，正因为如此，无论什么考试，其程序、内容、方法一旦确定，不管是考试的组织者还是考试的参加者，都必须受到考纪考规的约束，而通过考试所获得的结果，都有法定的或公认的功用和社会价值，这就是考试的权威。任何一种权威的建立和维护，都离不开一定的条件。那么建立和维护考试权威的条件是什么？那就是考试的各种规章制度，它是对考试活动全过程的管理。考试管理是保证考试预期目标得以实现的活动，即对一切有可能影响、阻碍考试预期目标实现的行为予以劝告、制止、直至强行控制的活动。科学而有效的考试管理可以保证考试活动在公平、公正的环境中进行。加上考试结果的采用同样公平、公正就会获得学生对课程考试的认可，并积极地参与考试且自觉地维护考试的规章制度。

2. 实现考试的功效

任何社会活动功效的实现都离不开一定的条件，考试活动是一种特殊的社会活动。只有具备了一定的条件，考试功效才能实现，而这些条件的创设，是必须依靠严密科学的考试管理，即把考试活动的全过程置于有效的控制之中。同时这种控制必须是全方位的。所谓全方位，是指考试活动全过程的每一个方面和每一个环节都必须有严密的控制措施。从考试的各个环节来看，无论哪个环节出了问题，都会对考试的功能造成危害。考试成绩的失真，不能发挥其检查教学效果的作用，不能使学生比较真实地了解自身在科学文化知识以及技能等方面的优与劣。考试前后出现的问题，如考场设置、考试质量分析等，有时看上去是小事，但如不及时纠正，任其发展，对勤奋学习者是压抑，对投机钻营者是放纵。不但不能实现考试功效，还会使道德标准、是非标准产生扭曲。

3. 树立踏实进取的学风

所谓学风，即治学之风尚，立校之根本。它是靠广大师生员工在科学研究、思想教育、行政管理和后勤服务等工作中共同努力建立起来的一种治学态度。因此，学风问题是高校工作中的一项重要的基础建设工程，是学校教育中一个不可忽视的问题。首先，良好的考风和学风具有很强的感染作用。学风是一种精神力量，它可以被感知、效仿、传播和宣传鼓动，从而形成强大的心理影响力和群体舆论，感染并熏陶每一位师生，而且对不适应者形成压力，使个体行为逐步适应群体行为。其次，良好的学风具有激励作用和良好的导向作用。多数学生的良好学风对少数学生的不良学风是一种示范和鞭策，促使具有不良学风的学生转向接受这种行为准则。同时，当坚持良好学风的个人受到学校的表彰时，学生会因之受到很大鼓舞，甚至将这种学风内在化，成为个人治学和成才的座右铭及行为准则。"一个学校有严格而合理的考试制度，是提高教学质量、形成一个良好学风的重要条件"。严密科学的考试管理可以帮助学生形成正确的是非观，是非观是人们思想道德和行为的基础。如果在考试管理中法纪严明，不仅可防止或减少违法、违纪现象的发生，而且会引导学生对考纪考规的重要性、严肃性形成正确、明晰的认识，强化执法、守法观念，逐步养成遵纪守法的习惯，提高法纪素养，有利于消除投机取巧的病态心理，树立踏实进取的学风。可见，严格考试管理是促进学风建设的一个重要环节。

（二）高校课程考试管理的构建

1. 高校课程考试应遵循的基本原则

课程考试是教学过程中十分重要的环节，它不仅要完成对学生在经历一个教学过程后学习情况的评价任务，而且还要检查教师的教学效果与水平，评断教学中存在的问题，反馈教与学过程中的各种信息，进而发挥促进教学改革的作用。它所特有的检查测评、导向、激励、鉴定和系统整合五大功能是其他教学环节所不能替代的。高校课程考试必须适应社会发展的需要，必须适应被考者的身心发展水平，必须有利于促进和客观评价学生综合运用所学知识解决实际问题的能力，必须有利于提高教师教学水平，以保证不断提高人才培养的质量。考试原则是从事考试活动、处理各种考试问题、规范考试行为所必须遵循的基本原则。美国高等教育学会对高校考试设定了九条原则：考试应以教育价值为出发点；考试的成效体现在如何尽可能地把学习的多维性、综合性和实用性反映出来；考试要关注结果，但同时也要关注导致结果的过程；考试只有在其力求改进的项目上有清晰、明确的目的时才能最好地发挥作用；考试只有在持续一贯的体系下才能最好地发挥作用；考试只有在来自教育界人士广泛参与的情况下才能获得更广泛实质的改进效果；考试只有以人们真正关心的问题或需要为出发点并阐明问题才有作用；当考试成为促进教育改革大环境下的组成要件时，它可能引发教育变革；通过考试，教育者向学生和公众尽责。

课程考试管理是一项基本的教学管理，是保证考试的公正性与客观性，正确发挥考试功效，促进教学工作的关键环节之一。考试管理质量直接关系到教风、学风的建设和教学质量的提高，是衡量学校办学水平、管理水平的重要标志。加强高校课程考试管理应遵循以下原则。

（1）方向性原则。考试管理是管理者根据既定考试目标要求，运用适当的程序、方法、手段及行为规范，合理调配人、财、物、信息等资源，对考试活动实行有效控制，以实现共同目标的一种社会活动过程。考试管理即因一定管理目标的需求而启动，又以实现预定目标为归宿，其管理过程的产生与形成均以一定的管理目标为先决条件，而目标本身总要体现为一定的方向；目标的正确与否要以所引导的方向是否正确作为衡量的标准。因此，科学的考试管理必须坚持方向性原则。

（2）科学性原则。科学性原则是指运用现代管理理论、教育测量与评价理论、教育管理理论、心理学理论等作为充分的科学依据，使考试管理活动具有可靠性、可信度，并采用科学的考试管理方法、成熟的管理经验，使考试管理活动行之有效，以利于实现预期的管理目标。

（3）公正原则。考试管理公正与否，关系到考试的权威性，反映的是校风、考风的建设程度，而且考试直接关系到被试者的切身利益，直接影响被试者的心理，影响着个体对社会的态度。因此，我们要积极地创造条件使考试尽量达到公正。

（4）系统原则。系统是指由相互联系、相互作用的若干组成部分构成的有机整体。这个整体具有其各个组成部分所没有的新的性质和功能，并和一定的环境发生交互作用。考试管理是一项系统工程，它包括教学管理工作、思想政治工作、后勤保障工作等方面，涉及教学系部、学生处、党团组织、总务、保卫等部门。教学管理部门要妥善安排，使考试工作井然有序地进行。

2. 高校课程考试管理运行条件的探讨

考试管理，其目的在于维护考试的标准规范，维持考试实际运作与计划方案相一致，使考试沿着预先设定的轨道运行，同时对不切实际的计划予以及时调整，纠正运行过程中出现的偏差，矫正反馈信息中不确切的数据或结论，保证考试结果的真实性，并从中分析成功与失败的原因，探明修正的途径，通过反馈给新的考试运行提供理论及实践的依据。将考试目的从观念形态转化为现实形态，高校课程考试管理的正常运转应具备以下条件。

（1）健全的考试组织机构。若无健全的考试组织机构，自然也就谈不上深入开展考试实践中相关问题的研究。要不断更新、完善考试理论，用以指导新的考试实践，进而强化考试主动适应社会发展需求的能力，使之正确发挥功能。考试组织是考试队伍的依附体，考试组织不健全，就不可能形成稳定的专业考试队伍，整个考试的设计、实施与管理必然是临时拼凑的，量尺标准、实施规范、结果真实的考试目标就难以企及。

（2）素质优良的考试管理队伍。一切先进的管理技术设备，各类考试行为规范，各项工作标准都有赖于高素质的控制者通过对人的有效管理才能充分发挥其作用，进而给考试运行以积极的影响。培养和造就一支高素质的考试管理队伍是保证考试质量、提高考试效率和效益的需要。参考考试管理系统的运行环节，考试管理队伍可以划分为考试行政队伍、考试业务队伍、考试科研队伍三类。

考试行政队伍是考试队伍中常规性的人员配置组合，它包括学校、职能部门和教学单位的领导者和一般行政工作人员。考试行政队伍的职责是负责考试管理机构各项职能活动的顺利进行和考试管理目的的有效实现。

如果说考试行政队伍的建设是源自于加强考试活动外部组织管理的要求，那么考试业务队伍的建设则是出自于考试流程内部运行的要求。考试活动是一个动态的运行过程，其流程要经过命题、施测、评卷等依次相连的环节，各个环节都事关考试的质量。以命题队伍为例，倘若命题人员不能把人才评价标准准确体现于测试内容和目标中，作为测试工具的试卷就失去了效用，考试活动的效果、价值也就无从谈起。

考试科研队伍是伴随着现代考试改革和发展的深入，而日益显示重要性的一支必不可少的考试队伍。其职责是结合高校教育教学实际，重点研究课程考试的理论与实践问题，从而为学校的考试活动提供理论指导。高校课程考试时间的非经常性，决定了考试管理队伍的非专职性，也就是说，他们基本上都是兼职考管人员。应该特别指出的是，为了保证课程考试质量的不断提高，非专职性的考管队伍应该具有专业性的水平。

（3）健全的考试规范、严密的考试程序和科学的考试控制标准。它们是实行考试控制的依据和准则，是引导考试运行方向、防止考试运行偏离预定轨道的保障措施。同时，它也是维护考试权威性、公正性的必要条件。所谓考试规范，亦即考试运行的规程和参与考试活动各类人员的行为准则。它是控制考试运行的直接依据，一般包括考务规程、命题细则、监考守则、考场规则、评卷实施细则、考试信息管理规定、保密规定、违纪处罚规定等。严密的考试程序是指从考试命题、实施到评价、分析、反馈、考场编排、各类工作人员配置等各个环节都要严格要求，注重考试的整个过程。科学的考试控制标准包含时间标准，如命题制卷、考场设置、施测、阅卷评分、考试结果分析处理等的起止时限要求；数量标准，如考点设置、考场编排、试卷长度和满分值、试卷印制与分装、施测环节各类工作人员配备、阅卷人员及所需设备配置的数量规定等；质量标准，如考号及考场编排的科学性，考点、考场设置的规范性，各类人员配置的合理性，施测控制的严密性，试题编审和试卷印制的合格率，试卷分装的标准性，评分、计分、登分、核分的准确率或差错率以及考试成绩的可靠性、有效性和公正性。

（4）良好的信息传输与反馈机制。倘若"没有确切的信息反馈、科学的统计方法和先进的技术手段，就谈不上对考试流程进行富有实效的控制"。从整个考试的过程来看，考试质量分析是信息反馈的主要途径。应该根据考试结果为学生提供反馈，以检查教学目标的实际情况，检查教学措施的实施效果，发现教与学两方面存在的问题，从而改进教学工作。研究表明，运用反馈以增加学生课堂反应数量和提高学生课堂反应质量的教学，对促进大学生批判能力的发展有一定作用。从教师自身而言，在试题反馈分析的过程中，能够及时收集来自于学生的真实信息，是一笔难得的宝贵财富，是一次向学生学习和自身学习的过程。通过试题反馈分析，教师不仅了解了学生的学习需求与希望，看到了命题中需要改进的地方，并能从这一教学情景中获得许多启示和感悟。通过与学生交流，促进教学反思，在反思中学习，在反思中丰富教学经验，从而提高教学能力。从教学管理的角度而言，组织试题反馈分析的过程就是检查、反思、总结、促进教学成长的过程。它为今后命题、考试、评价等诸方面的教学管理工作积累了宝贵的经验，同时也为教学双方提供了一个平等、真诚的教学交流和情感互动的平台，对师生双方都起到了积极的促进作用。通过考试的质量分析，能够使考试决策层及时客观地了解考试的情况，从而对考试活动中出现的种种偏差进行分析，以探明造成考试偏差的原因，并进行调节和控制。良好的信息传输与反馈是保证考试决策正确的重要依据，也是促使考试走向科学化的必要措施。

（三）高校课程考试管理改革的对策

高校课程考试管理是一个由多因素组成的相互制约、相互促进的封闭的动态系统。因此，改革高校课程考试管理应该坚持系统论的观点和方法。

1. 推进考试观念的深层次转变

思想观念是行动的先导，"欲革新，先革心"。正如阿历克谢·英格尔斯先生所讲："如果一个国家的人民缺乏一种能够赋予这些制度以真实生命力的广泛现代心理基础，如果执行这些制度的人自身还没有从心理、思想、态度和行为上都经历一个向现代化的转变，那么失败和畸形是不可避免的。"由此可见，转变高校领导、教师、管理人员乃至学生关于课程考试的观念，是推进高校课程考试改革的前提和基础。关于考试观念的转变，必须解决以下三个问题。首先，必须正确认识考试在人才培养中的作用与地位。其次，到目前为止，高校从领导到教师再到一般教管人员，不是没有或基本没有认识到这种重要性，就是虽然对此有所认识，但在实际工作中并未重视其作用的发挥，或基本没有研究过如何去发挥这种作用。关于这个问题，考试学的创始人，已故的廖平胜先生在他生前的著作论文中已有科学详尽的论述。这里要强调指出的是，高校领导、教师和教管人员不仅在口头上，还要在思想上真正认可考试是一门科学，要真正弄清、弄懂这门科学。因为唯有了解、掌握了考试的理论、运行规律、方法与技术，才有可能在课程考试中正确、有效地运用这门科学。再次，必须正确认识考试管理是一项关系考试成败、人才培养质量的系统工程。考试活动是一门科学，考试管理活动是考试活动的重要组成部分。因此，考试管理不仅是一门科学，也是一项系统工程。对于高校领导、教师和教管人员来说，一是要真正认识考试管理是一门科学、是一项关系考试成败、人才培养质量的系统工程；二是要学习、掌握这门科学，了解、熟悉这一系统工程的特点、运行规律和控制理论与方法等。唯有如此，才能够确保课程考试组织实施的科学有效性。

2. 建立考试中心，完善考试管理规章制度

考试管理要系统化、规范化，首先必须建立健全考试管理机构。考试是一项系统工程，为保证考试的顺利进行，提高考务人员的业务水平和考试管理质量，高校应该成立考试中心，统一管理高校课程考试。作为高校考试的综合管理机构，考试中心的职责与任务包括以下几点。

（1）统一规划、组织和实施高校的课程考试。传统课程考试的模式是高校制订统一的要求，各教学单位自行命题、制卷、施测、评卷、登分，有的高校有总结评估的环节，有的高校没有。课程考试事关人才培养质量，又是一项科学性、技术性很强的系统工程，应该由学校即考试中心统一规划、组织和实施。

（2）建立、完善课程考试管理规章制度并坚持严格实施。课程考试的主要目的或功能是育人，是有利于人才的培养和成长。为了实现这种功能，达到这种目的，课程考试及管理就必须科学严密。课程考试又是一项科学性、技术性很强的系统工程，故对其管理必须有一整套科学、合理、严密的规章制度，并在课程考试中坚持严格实施。

（3）针对学校课程考试的实际和需要，开展课程考试的评估与研究。对实施的课程考试组织分析、评估和根据需要开展针对性研究，一直是高校重视不够的薄弱环节，而这又是一项提高课程考试质量，进而有利于促进人才培养质量提高的重要工作，所以这将是考试中心的一项十分重要的任务。

（4）承担考试管理方面的人员培训。课程考试的监考人员一般是临时和兼职的，对其进行培训是必需的。比如，组织他们学习《监考须知》《学生考试行为规范》以及《考试违规处罚条例》中的各项规定，要求他们以高度的责任心和严肃认真的态度对待每一场考试。

3. 培养和建设高素质的考试管理队伍

精干的考试管理队伍，是有效发挥考试管理功能的基本条件之一。严明的法纪可以使考试管理从制度上得到保障，健全的机构可以从组织方面保证考试管理功能的正常发挥。但如果没有一支精干的考试管理队伍，无论多么严明的法纪、多么健全的机构，都很难产生实效。课程考试属校内考试，与社会考试相比，其规模较小，只是学校工作中的一项，且时间上是间断的。然而，这一切并不意味着课程考试管理就不需要高素质的管理队伍。所以，高校应重视课程考试管理队伍的建设。考试管理队伍包括：科研队伍。考试实践证明，没有科学的考试理论做指导，就不会有成功的考试实践。尤其是现代的考试管理，更需要科学的管理理论、方法、技术和手段。只有在考试管理实践的过程中，有重点、有针对性地开展考试及考试管理方面理论、技术、方法等的研究，才能使考试工作决策符合科学化的要求，从而发挥考试应有的功能，促进学校发展。行政队伍。考试行政队伍直接关系到考试管理机构各项职能活动的顺利进行和考试管理目的的有效实现，对提高考试管理工作质量具有重要意义。业务队伍。考试业务队伍是适应考试流程的运转出现的，随着各个环节职能的实现，相应的业务队伍也就暂时失去作用。它包括命题队伍、实测队伍、评卷队伍及评价、监督队伍。

兼职性、非常设性和专业性应该是高校课程考试管理队伍的基本特征，也应该是高校抓这支队伍建设过程中应遵循的基本原则。所谓兼职性和非常设性是指课程考试管理队伍的组成人员不可能是专职的（学校考试中心的人员例外，这一部分人员只占整个队伍很小的比例），他们平时可能工作于校机关、教学单位或学校的其他单位，只是在学校组织课程考试时才成为考试管理人员。所谓专业性是指这支队伍的成员应该具有专业化的水平，即他们中的绝大多数人虽然不是以考试管理为职业，但他们都应该了解和熟悉自己在考试管理中所从事的那一项工作所必需了解和熟悉的理论、技术等专门知识技能，并具有做好这项工作的较强的能力。没有职责就无所谓管理，高校对这支特殊队伍的管理也应同其他队伍的管理一样，分工明确、职责明确、考核明确、奖惩明确。

4. 实施科学的教考分离

教考分离制度是一种现代教学管理手段。所谓"教考分离"是指将教学与考试分离进行，即将过去某一课程由任课教师自己命题、自己评分的做法改为从规范、标准的试题库中筛选、组合出符合要求的试卷，或由教学管理部门组织教学经验较为丰富的非任课教师依纲命题，并统一组织考试，统一评阅试卷。实行教考分离的目的是提高考试的质量和水平，为学生成绩的评定、教师的教学评价以及教学管理决策提供科学的依据。它有利于促使教师授课全面系统地贯彻教学大纲的各项要求，促进学生端正学习态度和良好学风的建设。这样既能促进教师的教，又能促进学生的学，充分体现了教师的主导作用和学生的主体作用相结合的教学原则，充分调动了师生的积极性。推行高校的教考分离需从以下四点入手。

（1）加强宣传，统一思想。教考分离势在必行，但大部分教师与教学管理人员对此认识还不足，心理上也还不太适应，甚至认为推行教考分离是对教师的不信任，表现出明显的抵触情绪，这在一定程度上增加了推行工作的难度。因此，推行教考分离的首要任务是加强对教考分离制度作用和意义的宣传。从学校上层、中层到教师，层层推进，调动各方面的积极因素，使认识统一到培养合格人才上来，以有利于逐步实施教考分离制度。

（2）科学合理地安排实行教考分离的课程。从教学总体效益上讲，并非每门课程实行教考分离都有利，如文科类的一些课程，本身要求学生涉猎广泛，如果把试题局限于一课堂内的几本书，显然不利于培养学生的能力；又如理科的一些专业性很强、难度很大的后续课程，学校常常只有一两个老师熟悉课程内容，推行教考分离也不太切合实际。因此，学校应该在充分调查研究的基础上，科学合理地安排实施教考分离的课程。

（3）积极修订教学大纲，为课程实施教考分离建立前提条件。多年来，不少高校的课程大纲建设一直滞后，很多课程的大纲几十年不变，不能适应时代的变化。还有很多课程没有教学大纲，原因是在以前教考合一的制度下，课程缺少大纲的矛盾暴露得并不明显。教考分离制度将教与考分为两条线，没有课程大纲则无法组织有效的教学，更无法组织有效的考试。因此，高校应积极组织力量修订、制定课程大纲，为课程实施教考分离创造前提条件。

（4）建立高质量的题库，使教考分离更科学化。实行教考分离的重要途径是建立科学的题库。科学的题库可以提供各种规格、各种层次及科目的试题。采用试卷库的试卷可以克服由于教师命题随意性带来的信度差和效度差的弊病。试卷库的试卷由水平较高的非授课教师参加阅卷，这在一定程度上预防和杜绝了授课教师在考试环节中参与作弊的现象。

学校内部考试通过这方面的改进可提高质量与权威性，但建设科学的题库、试卷库并非一蹴而就。它既是一项阶段性的、多方人员合力攻坚的综合技术工程，也是一项长期的、由专业技术人员不断充实、革新、完善的系统工程。在高校中因学科、专业的多样性，试题要注意学科性、专业性以及适应学生能力、教学水平变化的需要。

5. 考试方式多样化

学校应鼓励教师根据本门课程的性质选择灵活多样的考试方式，突出课程的考核重点。在国外，大学考试的方式至少在二十几种以上，如无人监考考试、论文、开卷考试、阶段测试、试验和实地考察、答辩、专题讨论、口头演示、同学评价、图片演示、设计、制图或模型、个人研究项目、小组研究项目、自评、以计算机为基础的评价、资料分析、书评、图书馆运用评估项目、课堂表现、作文、实习和社会实践笔记或日记、口试以及闭卷考试等。国外考试的显著特点之一就是每一种形式都有与之相配套的设施和措施为后盾，以保证整个考试的有效性。"他山之石，可以攻玉"，国外高校校内考试的所有形式和方法我们不可能也不必照搬，但其指导思想可以借鉴。

根据我国的实际情况，高校基本的考试形式可采用以下七种：闭卷考试。指考试中不允许携带和查看任何资料的一种用笔答卷的考试方式。开卷考试。指考试中允许携带和查看资料的一种用笔答卷的考试方式。该方法根据允许携带和查看资料的限制情况，可分为全开卷考试和有限开卷考试或一页纸开卷考试。全开卷考试指考试中允许携带和查看任何资料；有限开卷考试或一页纸开卷考试是指考试中允许携带和查看规定资料或写有学生自己总结和归纳课程内容的一页纸。口试。指应试者通过口头语言来回答问题的一种考核方式（含答辩考核），是面试中常用的一种方式。成果考试（如设计、论文、报告、制品等）。指应试者就某个具体问题或任务、项目通过查阅资料、计算、绘图和制作等环节，用规范的方式做出书面表达或形成实物作品的一种考核方法。操作试。指通过应试者现场操作或具体的工作实践，直接检测应试者所具备的从事某种工作的现有素质、技能与能力的一种方法，包括实务作业、样本操作和模拟操作等测试方式。计算机及网上考试。指直接在计算机上答卷的一种考试方式。观察考核。指通过对学生一定时期的观察，对其做出评价的一种考核方式。

每种考试方式各有其特点，单凭一种考试方式不可能全面反映学生综合运用知识的能力，应采用几种方式相互组合以取长补短，这样既可以考查学生掌握知识的程度，又可以检验学生运用所学知识解决实际问题的能力，使考核结果更全面。还可以通过奖励措施鼓励并引导学生从多方面、多角度，用多种方法来解决同一问题，以培养和发展学生的创造思维能力。选择最佳的考试方式是提高考试效度的重要途径，适当灵活的考核方式能够进一步提高学生的学习主动性和自觉性，从而进一步巩固和深化所学课程的知识，举一反三、触类旁通。这样既能帮助学生克服死记硬背的学习习惯，又能锻炼他们各方面的能力，从而达到育人的目的，同时也在一定程度上减弱了学生作弊的动机。改革考试形式并不是简单、孤立的问题，它需要各方面的配套改革措施，需要有规范的教学政策和条件来支持，尤其要求改革传统的教学管理体制。考试形式与教学思想、教学内容、教学方法、课程安排和师资队伍建设等都密切相关。所以，考试方式的改革不仅需要鼓励广大教师改革考试的内容，还需要各方面的配合与合作才可能取得成功。

6. 重视平时考试

民国时期的高等学校十分重视学生平时的学习成绩，加强了对学生平时学习成绩的考试。交通大学（后改名南洋大学）曾分别于 1922 年和 1925 年颁布施行了《考试成绩规则》和《考核成绩规则》。前者规定：学生的学业成绩分别为考分成绩和积分成绩两种。所谓考分成绩，即学期末的考试成绩；所谓积分成绩，即平时成绩，各教授应按照学生的平时成绩酌情记分，并可根据需要举行临时考试，所得分数归入积分成绩内计算。考分成绩和积分成绩合并平均计算，分别占 40% 和 60%。平时考试成绩须与听课笔记、读书札记、作业成绩分别合并计算，作为平时成绩。如果每学科的平时成绩占该学科成绩的比例合理，就能督导学生平时刻苦学习。学风好了，"三基"就扎实，知识也能融会贯通，考风也必然好转；考风好了，又反过来促进学风的端正，这就步入了良性循环的轨道。这些做法和措施具有较高的科学合理性，在推进高校课程考试改革中值得借鉴、继承和发展。建立科学的成绩评价体系能改变所有课程均实行"一次性闭卷考试"的局面。要结合课程总结性考试与平时考核进行综合评价，并逐步加大平时考核成绩在总成绩中所占的比例，实行百分制、等级制、评语相结合的评分方法。加强对学生的平时考核，并不是频繁增加考试次数。而是任课教师在教学过程中，根据不同阶段的教学要求，灵活运用提问、讨论、作业、小论文、小测验等方式了解学生的学习状况，并通过测验获取教学信息，从而指导教学更好地开展。

7. 实行全程管理

考试管理分为考前管理、考中管理和考后管理，如某一环节工作不到位，就会使考试失去真实性、客观性和公正性，达不到考试的真正目的和效果。因此，要达到考试的目的与效果，就要对考前的计算机抽题组卷、试卷打印、分装保管、保密等做到可靠，对考场考号编排做到合理，对监考人员业务培训做到熟练；考试结束后，要实行统一阅卷制，建立试卷分析制度，进行考试后的评估。要使用现代化的手段科学编排考场，对考场编排应按考场的大小确定考生人数，实行单人单桌，考生之间间隔两个以上座位。学生凭准考证或学生证进入考场，对考生实行保密号就座的方法，即每场考试前由计算机对考生随机编号，考前 15 分钟由班主任宣读每个考生的保密号，考生按保密号进入相应的考场，并对号入座参加考试，考试时把保密号填写在试卷的指定位置。考试成绩评定后，可将保密号及分数输入计算机，系统会自动对号还原成学生成绩。这样做首先是能杜绝替考现象，其次是能有效地减少学生协同作弊和偷看现象，再次是由于试卷上除保密号外不再出现学生的学号和姓名，防止了阅卷统分过程中教师给学生加入人情分的可能性。考试质量分析和信息反馈是现代考试流程的一个基本环节，是现代考试管理的一项常规工作。通过考试质量分析这个环节获取的大量信息经过整理、研究，并及时进行信息反馈，对于改进和完善考试工作、提高考试质量、促进考试走向科学化具有重要的作用。

8. 网络化考试——知识和信息时代高校考试的改革方向

21 世纪是知识和信息的时代，高校课程考试方式和内容应与时俱进，顺应知识和信息快速发展的形势，充分运用信息时代网络信息平台提供的方便，使考试管理既严肃、科学、灵活、多样和开放。我们要以激发学生的学习和探索知识的兴趣为前提，使学生处在相对轻松的课程学习过程中，为掌握更多的知识和提高分析、解决问题的能力而学习，以提高教学质量。

针对目前高校考试中的种种弊端，有许多学者进行了分析，并提出了许多针对性的建议或措施。从考试方式上，提出打破传统的以"闭卷"考试为主的方式，应根据不同专业、不同课程的性质或特点，灵活运用闭卷、开卷、笔试、口试、答辩、论文、操作等多种考试形式和方法，并增加考试机会。从考试内容上，提出拓宽考题所涉及的内容，增加考核学生分析和综合运用能力的题型。在命题时，要严格考试命题，坚持教考分离，严格命题环节，加强试题库建设。在评价中，可以通过学生自评、学生互评、小组评价、教师评价等多种形式进行。通过这些丰富多样的考核形式，能促使学生开放性、个性和创新意识、精神的形成。分析网络化考试对改进高校考试方式和体制的弊端以及提高教学质量的重要作用，进而提出、分析高校考试网络化改革的趋势。

（1）关于网络考试

网络考试是指通过局域网或者互联网，并利用计算机进行考试的行为，网络考试和在线考试以及网上考试的概念是一致的。网络化考试将传统考试的各种工作流程通过计算机实现信息化和电子化的管理，使各种考试可以在网络平台上实现，包括组卷系统、考试系统、阅卷系统、成绩查询分析系统、试卷制作管理系统。该种考试形式在实现无纸化考试的同时，也强化规范了教学评估的手段，适应多媒体教学的层次和水平，同时也提供了科学准确的教学研究数据，具有传统考试形式不具有的优势。

（2）高校全面实施网络化考试的条件已经具备

目前，高校已有完善的网络系统，包括信息联网共享系统和大型计算机房，以及许多学生都有自己的个人电脑，高校实施网络考试的硬件已经具备。同时，高校具有一批高水平的计算机专业教师和相关技术人员；所有高校大学生在入学第一学期都有计算机基础应用的课程，这为进一步提高大学生的计算机理论和应用打下了基础；许多成熟的网络考试平台或软件已应用于不同行业的考试中；许多高校都有计算机和信息技术相关专业。这些都是高校实施网络考试的软件。通过合理的调配和运用这些硬件和软件，高校已具有了全面实行网络化考试的条件。

（3）网络化考试有许多明显优于传统考试形式的优点

第一，网络化考试要求具有高质量的科学性、全面性、难易程度和测试学生综合学习水平和能力的题库。在我国高校，无论是规模、数量和质量，还是师资水平各方面，都已具备各专业和学科标准化和高质量的题库建设的条件。我们要通过不同高校相同专业推选优秀的专业教师组成考题题库的命题机构，通过搜集、整理历年题库和命题，并在此基础上根据不同课程的发展现状，建立不同专业课程的高质量的试题库。由于命题机构是由同一学科优秀的专业教师组成，在试题的科学性、全面性、难易程度和测试学生综合学习水平和能力等方面会得到最大限度地提升，并且会通过不同学校学生考试效果的检验和学科的发展而不断改进和更新。

第二，网络化考试有利于培养和考核学生分析解决问题的能力。由于试题的科学性、全面性、难易程度和测试学生综合学习水平和能力等方面的优化，能够考核学生的学习效果和分析解决问题的能力，这也同时要求和促使教师不断地自我学习，改革和改进教学方法、教学内容和教学水平，促使学生不断改进学习方法和学习态度，以提高其综合学习能力。

第三，由于有了高质量的题库和网络化考试，使同一门课程不同时间进行多次考试很容易实现。改变了传统课程考试的频次太少和一次性闭卷考试对学生造成沉重心理压力的弊端，使学生处在一个相对宽松的探索知识、提高分析、解决问题能力的学习环境当中。

第四，实施网络化考试能够有效地预防舞弊。实施网络化考试可以使教师划定考试范围和送"人情分"以及学生的抄袭等行为得到有效的预防。因此，它也同时具有间接端正教风和学风的作用。

第五，实施网络化考试提高了考试成绩的区分度、效度和信度。由于统一的高质量的试题和科学的评价标准，以及试题的科学性、全面性、难易程度和测试学生综合学习水平和能力等方面的提升，使考试成绩的区分度、效度和信度具有科学性。

第六，实施网络化考试能够节约人力资源。实施网络化考试能够节约教师的命题和阅卷时间，可以使教师把更多的精力和时间用于教学和科研，以不断提高教学水平和教学质量。

第七，实施网络化考试有利于学生更好地运用网络探索和学习科学知识，从而培养学生良好的上网习惯。实施网络化考试除了具备科学性、全面性、难易程度和测试学生综合学习水平和能力等方面的题库外，与之相适应的相关学科的网络学习和学习资料，也能为学生的学习辅导提供方便。学生在进行长期网络课程资料的查询和学习中，会潜移默化地把网络作为探索学习的主要工具，而不只是一种消遣和玩游戏的平台，从而达到培养学生良好的上网习惯的作用。

第八，实施网络化考试具有巨大的经济和社会效益，对构建节约型的、可持续发展的社会具有积极的作用。比如，能够节约大量的纸张和油墨等消耗性和污染性的资源，从而对减少土地和植被的消耗以及减少环境污染起到积极的作用。

第九，高校实施网络化考试对推动网络化考试的全社会普及，有着重要的示范作用。作为科学技术创新发展主要源泉的高等学校，对推动科学技术转换为生产力起着巨大的示范作用。高校实施网络化考试必将对推动网络化考试的全社会普及有重要的示范作用。

正是由于网络化考试明显优于传统考试形式的诸多优点，实施网络化考试成为高校考试改革的一个重点方向。

第三章　高校教育教学工作实践研究

以学生为中心的有效教学模式可以归结为三个维度，即授课清晰、富有教学热情、和谐的师生关系。在这三个维度模式的基础上，教师可以采取停顿式授课、讨论等多种教学方法和策略。

第一节　高校教育教学工作的三维模式

"教学"是指教师引导、维持和促进学生有效学习的教学活动。有效讲授是任何课堂教学必不可少的，即使是在学生自主学习的课堂活动中，不同程度上的教师讲授也是必要的。

一、讲课的意义

讲课或许是最古老、最广为使用且一直占据主导地位的教学方法。讲课这一教学方法既是最简单也是最高难度的。因为简单，所以常常被滥用，讲课的难度则在于做一个高明的讲课者是非常具有挑战性的，因为"高明的讲课者以各种促进学生学习的方式将学者、作家、制作者、喜剧演员、表演者以及教师的才智集于一身。不过，大学教师中很少有人能以最佳的方式将这些才智集于一身，而且即便是高明的讲课者亦并非总是处于最佳状态，这也是事实"。

一言以蔽之，讲好课并不是一件容易的事情。在探讨教师如何讲好课这一问题之前，首先有必要弄清楚教师为什么要选择讲课。布鲁克菲尔德认为，在以下情况下讲课是一个非常必要的方法。

（一）给一组材料勾勒出宽泛的概貌。

（二）为学生独立学习确定指导方针。

（三）鼓励学生对待知识的态度方面以身作则。

（四）鼓励学生对某个课题的兴趣。

（五）为讨论确立焦点集中、热忱和尊重的道德标准。

关于讲课的好处，麦肯齐等人提出了以下几个方面。

（一）提供最新知识。

（二）概括分散在多种原始资料中的材料。

（三）在特定的时间和地点使教学材料适合特定的学生群体的背景及兴趣。

（四）通过提供学习方向和概念框架来帮助学生更有效地阅读。

（五）集中教学各种关键性概念、原理或思想。

尼尔森围绕讲课何时是最有效和最高效这一问题列举了如下几个方面的答案。

（一）在让学生自己尝试之前，教师想要示范一种解决问题的方法或一种高阶思维模式。

（二）教师想要快速地提供一些课本上没有的概括性背景知识。

（三）教师想要把非常复杂的知识讲解成适合学生接受水平而又没有其他更合适的方式时。

（四）教师想要展示某种能说明阅读材料、课程或学习领域的教材结构。

（五）教师想要在教材基础上增加个人观点或自己的相关研究内容。

（六）教师想要把最新的教材内容介绍给学生，而又没有适合学生水平并可以起到同样的介绍作用的其他途径时。

（七）如果教师的讲课方式很具表现力，想要激起学生的好奇心和激发学生学习的积极性。

综合以上意见，可以得出的结论是，讲课的好处和价值涵盖了认知和动机两个方面，它是必要的、有意义的。讲课在提供新知、概括和集中材料、激发学生兴趣和提供概念框架等方面都具有独到之处。

但是，与其他方法比较，讲课的有效性并不占优势。例如，一项研究指出，在一门课程结束后，讨论法在学生记忆知识，迁移知识至新环境，思考问题、解决问题等能力的提高方面以及进一步学习的动机等方面均优于讲课法。同样，印刷品也在某些方面优于讲课。由此，学生的阅读速度可以超过讲课者的讲课速度，而且一旦他们不懂，还可以再返回去读，可以跳过不相干的内容，并可以即时复习或以后再复习。究其根源，与其他方法比较，传统式讲课不可避免地更多地体现出"以教师为中心"的特征，这会导致学生的被动学习。事实上，在教学实践中，我们经常会发现很多教师以一种使人昏昏欲睡的独角戏方式把整整一个课时用于对细枝末节的叙述。传统式讲课这种灌输式教育也饱受教育家们的批判。例如，巴西教育家弗莱雷（Freire）曾经把这种糟糕的灌输式教育比喻成存储行为，他说："学生是保管人，教师是储户，教师不是去交流，而是发表公报，让学生耐心地接受、记忆和重复存储材料。"在他看来，这种教学扼杀了学生的创造性和批判性思维。

但需要指出的是，弗莱雷批判的是传统的讲授式教学。他承认讲课也有它自己独到的价值，只不过他提倡的是提问式教学或对话式教学，他认为没有对话就没有交流，没有交流就没有真正的教育。在弗莱雷看来，对话所具有的最主要的特征是：对话是平行的交流；提问是对话的关键；对话需要合作。由此可见，对于讲课，教师所面临的最大挑战是怎样使讲课尽可能变得具有对话性和互动性，以此训练和提升学生的批判性思维和创造力。

二、以学生为中心的有效教学模式的三个维度

按照最新教学理念，有效教学即指经过一段时间的课程学习在学生身上所取得的具体进步与发展，涵盖认知、情感和动作技能等领域，既包括浅层学习成果（如知识和理解），也包括深层学习成果（如应用、综合、分析和评价等）。以学生为中心的有效教学可以归结为三个维度：教师授课清晰（直接指向教学目标和内容）；教师富有教学热情（指向课堂中的学生和情境）；课堂上和谐的师生关系（指向课堂人际交往）。这三个维度，简单地说，也就是内容维度、动机维度和交往维度。

（一）授课清晰

授课清晰指教师向全班学生呈现课程内容时清晰程度很好。授课清晰的教师能清晰地、有组织地告知学生课程目标，讲授概念以及观点之间的相互联系，能使学生按逻辑的顺序逐步理解，使重点和要点易于理解。

在教学中教师常犯的一个毛病是，讲课时常常直奔抽象概念，从概念到概念，常常听得学生面露难色。在这种情况下，可能会出现教师教得很辛苦，但劳而无功的现象，因为这种授课并不利于学生的理解和接受。应该说，清晰授课的关键之一是，教师的心里自始至终都要有学生。在考虑如何组织讲课时，多数教师首先想到的是学科内容结构，然后试图按照某种逻辑方式来安排讲课内容，太多的时候沉浸于"面面俱到"的讲课之中，却忘了问自己这对于学生的意义是什么，学生是否有兴趣，学生能否留下深刻印象。应该说，学科的逻辑结构固然是决定课程如何组织的因素之一，但同样重要的还有学生的认知结构。教师一定要了解和研究学生这一最重要的情境因素，考虑学生的需要、兴趣和已有知识结构，尽力在学生已掌握的知识和课程内容之间架起一座桥梁。

那么，如何架设这一桥梁呢？这里以对复杂主题的引入为例，教师可以在一开始假设自己对此内容一无所知，在整理相关材料的基础上，针对学生已掌握的知识和理解水平，综合运用解释、实例、证明、演示、示范、提问、比喻、概括和推理等方法，运用简明生动、通俗易懂的语言清楚地说明事物是什么、为什么和怎么样，如此有助于加强课程内容

与学生经验之间的关联。

当然，需要指出的是，清晰的教学是一个复合行为，它与许多其他的认知行为相关联，诸如内容组织、教师的知识渊博程度、对课程的熟悉程度以及授课策略的选择（如讨论、朗诵、问答或小组形式等）等。

授课清晰对于有效教学和有效学习的意义和贡献非常大。可以说，授课不清晰的教学必然是教学效果差的教学。有研究者对教学效果差的授课归纳了 15 个特点，其中至少有 11 个特点涉及授课不清晰。这 11 个特点列举如下。

（1）开始讲课时没有介绍主题内容或自己的立场，只是随意挑选一个意欲讲解的主题开始上课。

（2）没有介绍正在讨论的具体话题的大背景。

（3）没有认识到学生的兴趣或已有的知识和精力。

（4）过多关注某个话题的历史背景，而忽视了课程的中心内容。

（5）过多重视某个主题的细节问题或自己最感兴趣的部分，而没有讲更重要、更有趣的话题。

（6）一味强调个人与其他学术权威对于某些艰深的专业问题的学术争论，而没有让学生明白你考虑的问题与大主题有什么关联。

（7）对术语的解释过于详细，学生课后无法马上解释给朋友听。下定义时过于具体、复杂，学生不得不逐字逐句地死记硬背，不能用自己的语言把定义解释清楚。

（8）引用学术著作却不把它们与教学内容联系起来。

（9）用传统或权威人物的观点论证自己的观点，但没有解释为什么权威人物这样认为。

（10）使用晦涩的语言，且不加解释；不考虑学生可能不懂你的意思。

（11）经常一句话未说完便中断，但在一大块内容讲解结束时却很少停顿。

无论是讲课好的教师还是正在努力讲好课的教师，都有必要对照自身加以认知和克服的，因为它们可能未必真正、完全地融入教师的意识层面并成为已经克服的习惯，教师可能会在滔滔不绝、面面俱到的"内容覆盖"之中进入一种"忘我状态"，忘记了学生的存在，忘记了学生是否听觉疲惫，忘记了学生是否只是身在课堂而心已逃逸。

（二）富有教学热情

除了授课清晰，教师还应富有教学热情。如果说授课清晰是与教师讲授的内容有关，那么教学热情则是与讲授内容的方式有关。一般来说，富有教学热情的教师通常被描述为富有感染力、充满激情、充满活力、有启发性、幽默、有趣、激动人心、吸引人和令人愉快等。富有教学热情的教师有自己鲜明的特征，例如教师会在讲课中加进某些真正令自己兴奋的东西，自然地在教室里四处走动，有着自然而丰富的面部表情，采用较多的姿势、手势和不同的声调和语速，不断地与学生进行眼神交流。打一个比方，教师如舞台上的演员或演说家，学生受到的影响也和观众一样，有的令他们欢欣鼓舞，有的甚至让他们如坐针毡。在这一意义上，教学也是一种表演艺术。

教师自身的热情具有强烈的感染性。富有热情的教学有助于激发学生的学习动机，保持学生的注意力。当教师在为所探讨的主题和学生所关心的问题建立起联系时，当学生被教师所表现出来的热情感染时，教师就会在学生心中培养出这样的热情来。教师精神饱满的状态会使学生产生积极肯定和兴趣盎然的情绪，进而积极主动地投入学习；上课时注意力高度集中，丝毫没有分神；积极思考各种观点，理解抽象概念，认识它们在生活中的价值，具有参与发现过程的激情；下课时仍然沉浸于课堂之中；上课当天总是情不自禁地与他人谈论课堂内容。

这样的学习热情对于学生的发展来说弥足珍贵，这也正如罗曼所指出的，"评价教学质量的最佳指标并不在于学生学到了多少，而在于教学能在多大程度上调动起所有学生的积极性，使他们能尽其所能努力学习该课程，并且取得进步——这种进步常常是一种人格的进步，远远超过了课程学习的进步"。在罗曼看来，教师能否激发学生强烈的积极情感，成了高校称职教师与优秀教师的分界线。由此可见，富有教学热情至关重要，它能点燃学生心中的火种，让课堂充满生机和活力。

（三）和谐的师生关系

课堂是一个复杂的人际交往的舞台，既涉及教师的教学领导，按照一定的路径向着目标迈进，也涉及师生的情感，各种情感反应会对学生学习产生影响。就学生的情感而言，这里面既有积极的情感（如学生对教师的尊重和喜爱），也有消极的情感（如学生对教师产生的过度焦虑和愤怒）。学生的情感进而也会影响到教师的情感和教学体验，二者互为因果，直接影响了师生关系的和谐度。为促进学生有效学习，从教师方面来说，教学要促进学生积极情感的形成，例如让学生感觉到教师尊重他们个人、认为他们能够做好，这种情感对增强学生的学习动机有很大的影响。

研究表明，和谐的师生关系大体可以细化为两组指标：一组是表示师生关系的形容词，如关心、爱护、友善、能提供帮助、随和等；另一组是表示能激发有效动机的形容词，如善于鼓励、有帮助、公正、耐心等。前一组显示出教师真诚关心学生并积极创造与他们交流的机会，后一组则反映了模范教师既给学生设定高目标（如具有挑战性、要求严格），又能为学生实现这些目标提供必要的帮助。

和谐的师生关系，在一定意义上可以简化为一个字——爱，即教师对所教学科和教学的热爱以及对学生学习和成长的关注。教师如果热爱所教学科，就会执着、投入地学习，拥有渊博、深厚的专业知识，表现出教学热情和感染力，进而激发学生的求知热情并取得期望的成果。

三、互动：以学生为中心的停顿式授课

一个可以初步形成的假设是，如果教师在以上方面表现出色，那么是最有可能在任何场合满足所有学生的各种不同的需求并使其取得最好的学习成果的。但这几个方面仅是从教师教学的三个关键要素进行的简化分析。为使有效教学充分得以实现，还需要关注停顿式授课。在某种意义上，停顿式授课也是一种互动，即在课堂上实现教师讲授与学生学习活动的结合。

有关注意力持续时间的研究表明，在讲课开始前5分钟的准备阶段里，学生的注意力是高度集中的。这样的专注力可以持续5～10分钟，然后学生会逐渐感到无聊、焦躁不安和困惑。注意力越来越不集中，记笔记的热情也逐渐下降，一部分学生会很快地入睡，直到课堂的最后几分钟才会恢复到听课的状态。也就是说，听不间断的讲课时，学生的注意力能够集中的平均时间跨度只有15分钟左右。一般的教师每次讲课的时间范围却在60～90分钟，这里就出现了一个矛盾：如果教师不停歇地讲，就显然会遭遇二者之间严重的不匹配。毫无疑问，热情、投入的教师可以延长这段短暂的注意力集中持续期。但是，除了改进讲课技能，当不得不讲课时，教师又该如何做才好呢？

当前很多研究支持和呼吁停顿式授课这一理念。所谓停顿式授课，即教师在讲课过程中每讲到一定时间就停顿下来，加入一些互动活动。譬如，教师可以每隔15～20分钟停2～15分钟，让学生进行一些主动学习活动。主动学习关注学习内在动机的激发，强调学习过程中学生的"做"或"活动"，例如阅读、写作、讨论等，而不仅仅是"听"，注重发挥学生在课堂教学过程中的参与者角色。主动学习教学法涵盖从讨论到结构化的教学法（主要包括合作学习、案例分析、同伴互助教学、基于探究的学习、基于问题的学习和基于项目的学习等）这一连续体。在讲课的每一部分开始时，教师都可以从一个新的关键事件问题开始，以便把学生的注意力集中在下面要讲的主题上。

有这样一项实验研究，让一组学生接受一系列传统的、中间无停歇的讲课；让实验组学生听同样的课，中间有几次停歇。在讲课的最后3分钟内，两组学生都接受了自由回忆测试（让学生分别写下他们能够记得的关于讲课内容的任何信息），并在最后一次课结束后的第12天做同样的65道选择题测试。在两个学期里的这两门课上，无论是小测验还是考试，实验组的学生都比常规方式授课组学生的表现好得多，平均成绩高出17%。转换成学习术语，即在讲课时，删减不太重要的12%的内容，停下来，每次2分钟，可以使当前学习成绩为C段的学生将成绩提高到B段甚至达到A段。

上面所述的实验证明了停顿式授课的显著效果。这一实验也提示我们，在一个90分

钟的课堂时间里，教师在讲了 15～20 分钟后应该停下来，让学生做一些活动，如回答客观选择题、解决一个难题、对比或是填充笔记、询问一个小的案例、做独立思考、结对交流、全班分享的练习，或是小组讨论等。从中可以看出，这样的停顿式授课事实上是将传统的讲课转变为一系列的微课，在每一个微课之后的课堂间歇活动中，学生是以某种方式与课程内容形成短暂的限时互动、师生互动和生生互动。这样停顿式的互动式课堂，在任何班级的课堂上都可以很好地进行。例如在大班课堂上，教师可以让学生和他们的邻座组成临时 2～4 人小组，一起进行讨论和练习活动。采用这样的方法来定步调，一次 90 分钟的讲课或许最终会分成如表 3-1 所示的几个部分。从表 3-1 中可以看出，在 90 分钟的讲课时间里，事实上只有 45 分钟是由教师自己控制——包括 2 次 20 分钟的正式讲课和最后 5 分钟的总结。

表 3-1　定好步调的讲课范例

1～10 分钟：研究学生（询问学生背景和关心的问题）。

10～20 分钟：关键事件（与主题相关的关键事件的回顾）。

20～40 分钟：第一次正式讲课。

40～50 分钟：就第一次正式讲课中所提出的问题提问。

50～55 分钟：放松时间。

55～75 分钟：第二次正式讲课。

75～85 分钟：就第二次正式讲课中所提出的问题提问。

85～90 分钟：对在两次正式讲课和其间的提问时间中所涉及的主题进行最后总结

　　这种停顿式授课不仅仅是提高了学生的学习成绩。一项研究表明，停顿式授课提高了学生的出勤率，使课堂的参与率增加到了 100%，成倍地增加了学生间和师生间的互动，给学生提供了经常可以进行高阶思考练习的机会，教会了他们批判性地对自己的思维进行审查和辩护，改进了学习的评价形式，给学生和教师即时提供了关于他们的理解和记忆情况的反馈，提高了学生在课上的注意力和警觉性，加强了学生对学习教材的精力投入。

第二节　高校教育教学有效课堂讨论

　　作为对传统讲授课的完善和超越，当前我国高校教学尤其是研究生教学中一个惯常采用的方法是教师讲授与学生课堂展示相结合。但研究表明，这种教学在学生准备、讨论、教师指导、小组合作学习等方面存在诸多缺失或不足，并最终导致学生学习收获有限。关于上述教学中的缺失或不足，较直接的原因有三个：一是教师的低阶教学目标定位，课堂虽然在形式上使用了旨在调动学生参与的课堂展示，但依然存在知识的灌输，只不过灌输者由教师换成了学生；二是教师授课过于追求学科知识体系的完整性，忽视课程内容与学生经验的关联；三是教师投入有限，疏于引导、释疑和控制，加之课堂时间控制观念缺失，导致课堂讨论"一讨千里"。一切都导致了学生的被动学习。

从现代课程论角度看，课程是不断变化的教学理念，教学是持续进行的课程开发过程。课程是教师和学生共同参与和创设的，教师和学生就是课程的开发者。换言之，课程教学并不是简单的学生静听和静观的被动接受；相反，它是学生个体或群体主动建构的过程，是教师、学生和课程材料之间的合作和对话。这种合作和对话就是一种主动学习。由于课堂上的主动学习是基于讨论的，故探讨以学生为中心的有效教学离不开有效讨论这一关键问题。尽管在传统讲授式教学中教师也通常会在授课时提出问题，只是多数教师采用的是简单的一问一答提问方式，但这种提问并不能使每一个学生都参与进来。因此，一个有必要深入思考的问题是：为促进以学生为中心的有效教学，讨论的目标何求？讨论的问题何问？讨论的形式何有？讨论的策略何控？

一、课堂讨论：目标何求

讨论并不是"为了讨论而讨论"或"为了使用而使用"，讨论有其固有的多方面目标，这些目标直接指向了某种课程与教学目标。总的来说，作为主动学习重要方法之一的讨论，它至少追求以下四个维度的目标。

（一）课程内容理解

传统讲课过于关注课程内容的呈现与传递，并不重视学生主动学习，这可能导致学生的学习成果仅停留于课程内容的单纯记忆层面，而真正的理解却未必发生。就讨论而言，虽然它在内容呈现上发挥的作用并不明显，但能够帮助学生吸收、整理所获得的信息和知识，激励学生对课堂所学内容进一步加工，从而促进其对课程内容的理解。当学生从所呈现的课程内容中建构意义时，学生的理解就发生了。换言之，学生的理解出现在他们将新知识与原有知识建立联系之时，或更具体地说，是输入的知识被整合进了原有的图式和认知框架。学生理解的认知过程包括解释、举例、分类、概括、推论、比较和说明等，而讨论在不同程度上都涉及这些认知过程。在这一认知过程中，学生把各概念连成一张概念网络。可以说，对这样的概念网络的记忆比对一个个孤立的概念的记忆要持久得多。而且，讨论也有助于教师了解学生对课程内容的吸收与内化程度。

（二）思考技能

学习的本质不仅在于知识的记忆和理解，还在于通过对知识的学习所引发的思考。例如，美国学者罗曼提出，"讨论的最大作用是教给学生学习的过程，即思考"。无独有偶，美国学者麦肯齐也指出，"最近50年的各项权威性研究已反复证明，在讨论中学生给予的注意和思维活动都更为积极"。

讨论之所以能在极大程度上促进思考技能，其内在的机制在于讨论有助于实现以下一系列智力上的目标。

（1）让学生探讨一系列的观点。

（2）帮助学生发现新的观点。

（3）强调各种问题、课题或主题的复杂性和模糊性。

（4）帮助学生认识构成他们所习惯的思想和行为基础的那些假设。

（5）提高智力上的敏锐性。

（6）鼓励积极主动地聆听别人的看法。

在讨论所提供的思维交流平台之上，每个学生都可能积极表达自己的观点和仔细聆听别人的看法，方便地进入别人理解事物的阐释框架，监控自己的思考和质疑自己的假设，学会用不同的眼光来看世界，并最终促进个体与群体思维模式的形成。

（三）人际与情感

课堂讨论还蕴含着人际的、情感的目标。讨论重视创造师与生、生与生的对话教学气氛，且讨论多采取小组分工和合作的形式，在此基础上通过求同存异而达成共识，这非常有助于培养小组的认同感，增进学生相互之间的连接感。在这一意义上，讨论具有明显的人际交流目标。此外，因任何学科的问题都可能涉及对效益、伦理与意义等一类问题的评价，这也常常会引出学生的情感、态度和价值观。讨论有助于增强学生对知识、内容和问题本身的连接感和参与感，唤起、维持和增进他们对某一主题浓厚的兴趣。如美国学者布鲁克菲尔德所言，学生将发现他们自己的意见是被听取的，他们的声音是起作用的，他们的经验是受到珍视的。如果学生感觉到自己的想法和观点有一定分量，那么他们的自我价值感就会增强，他们的自信心也会提高。这是一种令人难忘的学习经历，其效应甚至有可能影响到学生未来生活的方方面面。

（四）学生参与

讨论对促进学生参与和积极投入课堂学习特别有效，甚至可以说，正是由于一个有效的讨论有利于实现学生参与，所以才更有助于达成以上的目标维度。简单地说，学生参与即学生投入有效学习中所花的时间和精力。学生参与意味着学生主动投入学习过程之中，对自己的学习负责，成为自己学习的主人。在教师提出问题和引导下，准备讨论、进行讨论、小组总结等阶段都需要学生自行投入和组织。首先，在课前学习中，学生需要亲自经历文献的查找、阅读、理解和思考。在课堂讨论中，每一位学生都需要表达自己的观点，思考和评价其他同学的观点，从中可以发现自己思考中存在的漏洞，同时也更加明确问题的疑难点之所在。在有效讨论之后，学生对问题的认识得以进一步扩充和深化，此时结论的推出已是"水到渠成"和"呼之欲出"。学生在讨论过程中的全程学习参与，能够极大促进他们的有效学习。

二、课堂讨论：问题何问

问题是牵动课堂主动学习的主线。而讨论问题设计得好不好，问题质量如何，是保障讨论质量的关键，会直接影响到学生对于课堂讨论的参与度。

学者对于问题的分类有不同的看法，但大体可以按照 Bonwell 等学者的方法将问题分为认知记忆型问题、聚合型思维问题、发散型思维问题和评价型问题。但在大多数教师开展讨论的问题常常会落在认知记忆型问题上。例如，有研究表明，在过去的 50 年里，在教师要求学生进行讨论的问题中，其中约有 60％的问题是要求学生回忆事实，约 20％的问题是要求学生思考，剩下的 20％则关乎程序。就研究生翻转课堂来说，如果课堂讨论的目标仅局限于知识和技能的简单记忆与操作，那么课堂上会充斥更多的知识性提问，应该说，这样的讨论是不利于学生的高阶认知技能发展的。

那么，在讨论中究竟应该如何设计问题呢？或者说什么样的问题才是一个好问题呢？应该说，不管问题类型如何，一个好问题首先应该指向学习目标。对此，布卢姆教育目标分类及安德森修订版分类为我们设计讨论问题提供了有益的参照框架。如前所述，布卢姆把认知教学目标由低到高分为六类：即知识、理解、应用、分析、综合和评价，这一目标在后来被安德森小组修正为记忆、理解、应用、分析、评价和创造。按照这样的目标框架，可以针对不同层级的认知技能来设计不同层次的问题。低层次的问题适用于评价学生的学习准备情况和理解程度，而高层次的问题则鼓励学生进行批判性思考、解决问题和创造。

一个好问题除了指向学习目标，还具有怎样的特征，很多学者对问题的特征进行了研究。例如，Sockalingam 等人从学生角度进行的研究表明，一个好问题具有以下 11 个特征，即导向恰当的学习目标、促进自主学习、激发批判性思维、促进小组工作、富有趣味、具有恰当的形式、问题清晰、问题阐述详尽、问题适切、与先前知识相关、具有一定的难度。一般来说，对于一个好问题而言，研究者高频使用的词汇是"导向恰当的学习目标""促进自主学习""引发思考""问题真实或适切"。作为学习起点的问题，应该能够引出课程基本概念和原理，确保通过问题解决来达成学习目标，问题是开放、结构不全、真实和复杂的，能与学习者的个人经验发生连接，并能激发学生探究的兴趣和热情。

一个好问题可以来源于案例研究、教科书后的练习题、学术论文、教师实践和大众传媒等。教师在撰写问题时，一个比较可取的、可能会激发学生兴趣的做法是，选择当代具有挑战性的热点议题，在讲故事的风格上可以以假设的形式给学生安插角色，同时关注语言的生动性和幽默性。

三、课堂讨论：形式何有

在传统高校课堂上，比较常用的一种主动学习方法是问答讨论，它是师生比较熟悉的一种最简单的讨论形式，即教师在讲课过程中随时提出具体问题，要求若干学生回答。这些问题比较简单，通常用来考查学生是否认真听讲，同时也用来促进学生进一步思考。

除了这种问答式讨论，其实讨论还可以有很多实施起来并不复杂的形式。这里仅列举两个。一是"思考—结对—分享"，即指学生成对（或多人）坐在一起，教师在课堂上提出问题，每个学生在沉默思考一段时间后，与合作伙伴讨论这一问题并达成共识，然后教师随机让每组学生向全班分享他们共同的答案；二是"三步访谈法"，其大体做法是把四人组分成两人组，A 和 B，C 和 D。第一步，A 采访 B，C 采访 D；第二步，角色交换，B 采访 A，D 采访 C；第三步，分享，即每人在四人组里分享关于他/她的合作伙伴的信息。这两种方法都是一种小范围的组内讨论，以小组内互相交换观点并总结整个小组每个人的观点为主要目的。

以下重点介绍批判性辩论、"专家式"拼图（Jigsaw）和旋转式讨论（Rotating Stations）。这些讨论法能够充分地保障全体学生的参与，有助于发展学生各种高阶认知技能。作为教师，可以根据班级规模、教室环境、学生的不同，制定出各种"变式"加以灵活使用。

（一）批判性辩论

批判性辩论是一种非常有利于拓展学生思维和提升各种技能的讨论形式。研究表明，辩论在减少师生偏见、提高学生研究技能、促进逻辑思维、增强沟通技能和调动学生积极性等方面具有明显优势。批判性辩论的开展，首先需要教师找到一个有争议的问题作为辩论的主题。学生对这一问题可支持也可反对，他们可自愿选择参与辩论中的任何一方，进行支持某观点的相关准备。批判性辩论尤其适合于文科类课程的教学。例如，对作为教育学基础课程的"课程与教学论"来说，辩论的题目可以是："翻转课堂教学质量高于/低于传统课堂教学"；"评价课堂教学质量应该是评价教师教得好不好/学生学得好不好"。当学生支持某一论点时，由于需要更多的论据对其进行支持，所以需要做充分的准备。如果时间允许，教师也可以尝试使用角色逆转，即"学生们被要求去探讨某种他们觉得无法苟同的、索然无味的思想，或是采取这样的一种立场"。对被批评者来说，为应对批评者的攻击以捍卫自己的观点，一个好的方法就是要完全了解和完全懂得批评者的思路。所以，角色逆转这种尝试可以帮助被批评者预测批评者的主要观点，并准备好一份更有可能说服批评者的辩护状。在辩论后，教师可以组织学生进一步讨论，并请参与者完成一篇关于辩论的后续思考论文。

（二）全班性讨论："专家式"拼图与旋转式讨论

"专家式"拼图的大体做法是，教师可以把一个概念分为若干个主题，每个学生成为这些主题之一的"专家"，学生需要花时间在课前或课上学习其选择的主题，以发展所需的专业知识。同一个主题的学生"专家"组成小组，进行讨论，提出问题，探索彼此对这一主题思考中的异同。当这些学生"专家"汇总了他们的想法后，人员进行流动，组成新的小组，这些小组包括每个主题的学生"专家"代表。每一个学生"专家"都需要轮流带领其他人讨论他们的主题。这些新的小组依次理解该主题并进行表达，最后汇总成一个大的总结，也就是对于这一概念的总结。旋转式讨论与"专家式"拼图很相似，其大体做法是将一个概念拆分成若干个问题，分配给每个小组。将整个班级视为一条线路，每个小组设定为一个车站，各小组在限定时间进行讨论，并将小组的观点记录下来。然后每个小组依次移动到一个新的小组车站，两组结合各自小组的观点继续讨论。这样不断旋转下来，直到每个小组都讨论过每一个问题。通过这种旋转式讨论，汇总出来的观点将更加全面，而且在一定程度上能够保障每个小组都对每个问题进行了较为深入的了解。

四、课堂讨论：策略掌控

虽然说学生是学习的主人和主体，但这并不意味着教师工作量的减少。尤其是涉及课堂讨论时，为了使每位学生都参与进来，引导学生清楚地表达观点并对其他学生的观点做出评价和反馈，使整个讨论过程得以顺利进行，教师还需要采取相应的策略。

（一）明确开展讨论的目的

当教师决定在一门课中全部或部分使用讨论方式时，教师需要非常清楚地了解：讨论为什么要实施？欲在课程内容、思考技能、人际和情感上实现怎样的目标？讨论中学生应该达到怎样的参与度？讨论的问题需要被解答到什么程度？如此，才能避免针对无谓的问题进行讨论，避免为了讨论而讨论。

（二）讨论前做好充分准备

为促进有效讨论，学生和教师都需要做好充分的准备。对于学生来说，在翻转课堂中学生在课前的工作是完全自主学习，课上可能直接进入讨论。学生如果不进行课前准备，那么讨论恐怕是无法为继的。对于教师来说，教师在学期一开始最好就利用一部分时间进行讨论。例如，可以做两人一组的练习，让学生体会一下以后将要采取的讨论形式，从而提早让他们做好思想准备，在以后接到教师要求时能够做出积极回应。而且，教师需要精心设计讨论的问题、讨论的形式和讨论的环节。教师也要为学生布置好所需要阅读的材料，要保证学生在见面之前能够参阅一些共同的材料。这样，他们就会有一些共同的概念、思想、事实材料和解释，这些东西可以在他们参加讨论时为他们提供信息。这样就减少了讨论在无关紧要的支流中漫无目标地穿行的危险。

（三）避免有"指导"或"佯装"的讨论

教师要避免有"指导"或"佯装"的讨论，因为有"指导"或"佯装"的讨论并不利于有效讨论在未来课堂的可持续发展。譬如美国学者布鲁克菲尔德所言，如果你开始了被认为是自由开展的讨论，你要求学生们在讨论中通过合作性探寻的过程来创造意义，而你私下已经定好这些意义将会是什么，这从根本上来说是不诚实的。一旦学生意识到讨论正在朝你心目中的那个观点前进，他们的兴趣就会减退。

（四）讨论过程中的控制与评价

在一定程度上，有效讨论的开展也建立在课堂规则的基础之上。对此，布鲁克菲尔德的相关建议非常值得一提。他提出教师可以在课程一开始就拿出时间来和学生专门讨论，一个好的讨论应该包括哪些因素或具有怎样的特征。例如可以引导学生回顾以前参加过的好的讨论和差的讨论，想一想这样的讨论为什么对自己来说是一种很好的经历或令人失望的经历。一般来说，时间的控制是讨论规则的重要方面，不但要对学生的发言时间做出限制，还要给教师预留出必要的时间以进行补充、反馈和评价。为保证讨论在时间上的顺利流动，当学生讨论偏离主题时，教师需要及时提醒并将讨论带回到关键的问题上。此外，在整个讨论过程中，教师要以和善、尊重的姿态予以引导和评价，多使用激励性词语，使学生始终处于一种放松状态，从而真正享受到讨论的乐趣和优势。

五、结语

总之，讨论作为主动学习的重要方法，是以学生为主体通过交流来深化对于知识的理解，促进思考技能，增强师生之间融洽的关系，提高学生的人际合作意识，有效促进学生主动参与和积极投入课堂学习的。通过讨论，使课本上的"惰性"知识不是通过呆读死记而为学生所"占有"，而是成为真正为学生个人所理解的"活"的知识，真正成为学生个体经验的一部分。讨论的意义不容小觑，但究竟如何才能实现有效讨论？有效讨论的条件是什么？如何让每一个学生都能从讨论中有所收获？如何为讨论的有效开展提供保障？是否需要开展翻转课堂？通过对"学习时间"的重新规划和设计，使被释放出来的课堂时间是否可以用于课上的有效讨论？

进一步说，由于讨论具有一定的开放性和不确定性，所以这实际上对教师提出了更高的要求。教师需要对学生的课前学习和课上主动学习做好协调和整合，为此要理清学科基本框架、思路和重点，编排重要的阅读文献，提出有价值的问题，激励每一个学生投入课堂讨论。问题是，很多教师并不擅长使用讨论法，加之其他各种因素的作用，导致学生在心理上存在对讨论的抵触和障碍，甚至一定程度上还存在"为讨论而讨论"，从而进一步导致讨论式教学并没有实现理想中的有效教学。教师如何更好地组织讨论，如何让学生更好地参与讨论，这不但要求教师富有教学热情，更要具有高水平的教学能力。这正是当前我国高校教师发展所面临的一个严峻课题。

第三节　高校教育交互式教学方法

交互式教学是基于现代教育理论，针对大学生的个性特点和学生活动特征而开发的一种新型教学方式。这种教学方式提倡教学过程中教师和学生角色重构，实现教师"教的主体"向学生"学的主体"的过渡和转变。教学过程有教师导学、学生讨论、互动展示和总结点评四个环节。通过教师设置情境和学生参与体验，在教学信息相互交换过程中实现师生共同参与、相互依存作用，注重学生主观能动性的发挥和自主学习能力的培养，形成氛围良好、富有生命活力的教学环境。交互式教学是对现有课堂教学活动和组织形式的重新设计与安排，对教学内容本身没有特殊要求，也无须借助特定的仪器设备，可在不同学科的不同课程中实现，具有良好的操作性与推广性。

一、教学创新案例的陈述

（一）问题的提出

1. 当代大学生的心理特点

当代大学生成长在我国改革开放和社会主义市场经济快速发展时期，社会的发展与科技的进步影响着这一代大学生个性的形成和发展。主要体现在：①拥有较强的参与意识和竞争意识，对新事物具有极强的接受能力，喜欢追求时尚和新潮。②当代大学生的接收信息量极大丰富和主体性意识普遍提高，对于自己的人生表现出来的信心和理性远超过他们的前辈。他们会更多地了解具体情况，更多地依据兴趣与需求思考问题。③当代大学生正处于心理成长期，生活在同龄群体中的大学生无论在心理上还是生活上都会表现出适度的依赖性，在大学的学习生活中不知如何安排时间，找不到自己的位置和目标，表现出不同程度的迷茫。④在校的大学生都是 90 后，大部分是独生子女，因此无论来自城市还是农村，生活较他们的前辈更加优越，从而造成了这些学生的忧患意识差，整体意识、团队奉献精神不强，个人主义凸显，很多时候为了达到个人利益，不惜牺牲他人利益。

2. 当代课堂教学面临的主要问题

大学生的课堂问题普遍存在。其中上课说话的问题最为突出，逃课位居第二，看课外书居于第三位，其后依次是睡觉、玩手机、迟到早退及吃零食等。分析其主要原因有：①自身缺乏学习动力。大学生历经十年寒窗苦读，终于考上了大学，之后再也没有升学的重压，没有父母的看管，这就使一部分大学生对学习产生了倦怠情绪，缺乏积极进取的斗志和学习的动力，于是便在课堂学习中表现出对学习不感兴趣、注意力分散，各种课堂问题也随之发生。②对学习本质的认识存在误区。很多大学生认为课堂学习就是书本学习，他们认为教科书的内容对今后的发展没有用处，因此对所学专业或上课内容不感兴趣，从心理上排斥这些课程。③教学方法落后。有些大学教师知识更新速度慢，讲课内容陈旧、缺少时代感，教学方式、方法不灵活，自始至终都采取"满堂灌"策略。这种方式不顾及学生的学习心理，使课堂失去了学生的关注。

（二）教学创新的目标

任何教学方法的创新与探索都要符合当代大学生的个性特征，从实际出发，充分尊重学生主体地位，促进学生全面和谐发展。交互式教学是基于现代教育理论，吸收了教育心理学、管理心理学和组织行为学等相关学科的成果，针对当代大学生的个性特点和活动特征而开发的一种新型教学模式。其提倡教学过程中教师和学生相对独立的主体地位，实现教师"教的主体"向学生"学的主体"的过渡和转变。通过教师设置情境、学生参与体验，在教学信息相互交换过程中实现师生共同参与、相互依存和相互作用，注重学生主观能动性的发挥和自主学习能力的培养，形成氛围良好、富有生命活力的教学环境。

1. 交互式教学理念以学生发展为中心

当学生离开学校，走上社会，从长远来看，影响他们未来成就与幸福的并不仅仅是教师教过的知识，还有各种个人能力。比如社交能力、学习能力、决策能力、适应能力和时间管理能力等。这些正是现行教育内容中普遍缺失的地方。在"互联网＋"时代，网络上到处都是学习资源，因此教师不再是知识的灌输者，而是需要以学生未来发展为中心，通过创造教学情境，让每位学生体验学习的乐趣与收获，得到能力的培养。

2. 交互式教学理念以"育人"为手段

长期以来由于缺乏人文内涵的知识型教育导致社会价值观和道德感的普遍缺失。当下大学教育更多的是以"专业知识学习＋思想道德教育"的形式展现。在高等教育的背景下，道德教育往往过于形式，不注重实际作用。教学形式单一、缺乏教师与学生的有效互动、缺乏必要的实践活动，不易被学生重视。因此人才的培养目标应以"才"（知识与能力）的教育为手段，最终体现的是"人"（人格与素质）的培养。交互式教学过程中通过教师引导、师生互动，以身教带动言教，以境育人。以课堂教学形式为载体，在教学活动中实现素质教育，培养团队合作与人格意志。

（三）教学创新的内容

中国药科大学环境科学专业立足于国家制药工业的发展现状，满足制药工业绿色科技发展的迫切需求，以培养环境和药学双向型人才为目标，为解决我国制药工业环境保护的重大科技问题、促进环保高技术产业的发展、实现国家制药工业环境保护的目标和可持续发展提供技术支持与人才服务。因此，在环境科学专业建设中通过多元化的培养手段，给予学生更多的自主选择权，更大的自由发展空间，从而帮助学生具备更强的发展潜力与社会竞争力。自 2009 年中国药科大学设置环境科学专业至今，逐渐探索出一条药学类高校特色的环境专业人才培养模式，已经向国内外著名高校与研究机构、国内知名药企以及相关的政府环保职能部门输送了一批优秀人才。

交互式教学理念是在环境科学专业人才培养模式的探索中逐步形成和发展的，并在多个年级、多门课程中实践与完善。该理念从当前大学生个性特点与课堂教学的现实问题出发，以学生为中心，强调师生角色的重构与优化。与传统的课堂教学模式相比，基于交互式教学理念所形成的教学模式在教学过程、教学行为、教学结果等方面都有显著的改变。

1. 教学过程

"交互"是指两个或更多人之间的思想情感的相互交流并对彼此产生影响。交互式教学模式强调在教学过程中的"师生互动"，教学过程由"教师导学"（教师→学生）"学生讨论"（学生→学生）"互动展示"（学生→教师）和"总结点评"（教师→学生）四个环节组成。这其中既包括教师和学生之间，也包括学生和学生之间互教互学、友爱互助、资源共享。由于每个环节的任务都不相同，师生在教学过程中扮演的角色也不一样，这样可以减少学习任务的复杂性，维持学生学习兴趣和凸显关键性特征（见图 3-1）。

2. 教学行为

在交互式教学模式的实施过程中，师生之间的角色和行为发生了很大的变化。对学生而言，不再是被动获取知识的一方，一堂课从头听到尾，而是在教学互动中，以自己力所能及的水平参与到各个环节中。其中小组合作是交互学习的主要组织形式，小组成员各自分担一部分学习任务，之后通过小组讨论互相学习、分享。这样在一定程度上减轻了学生独自承担责任的焦虑感，同时在合作性对话的交互教学情境中，小组内和小组间的学生形成了特定的问题空间和互动模式，营造了一个知识共享的情境。教师也不再是课堂的"统治者"，一方面通过设置各个环节实现师生互动和生生互动，激发学生主动学习的兴趣；另一方面教师根据每个学生的表现提供及时的指导和反馈，让学生发现自己的问题，在学习的过程中有所收获。

3. 教学结果

通过教师对教学情境的设置，形成了氛围良好、富有生命力的教学环境。由于营造了

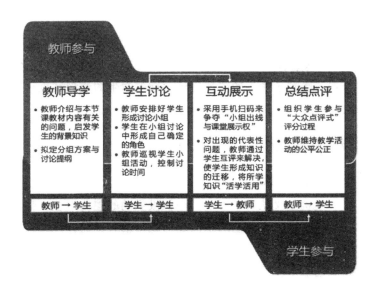

图 3 - 1　交互式教学模式

民主宽松的课堂气氛，形成了相互尊重、信任、理解、合作的师生及生生关系。在这种环境下，学生真切地感受到师生之间平等、包容、共享的关系，让学生"亲其师，信其道"。同时，不仅在教学过程中充满着激励，为提高学习效率增添了动力，也满足了学生的自尊和归属的欲望，有利于形成积极的、相互促进的课堂关系，唤起每个学生的集体荣誉感，使他们互相帮助、互相鼓励，从而激发起学习的自觉性、能动性和创造性。

（四）教学创新的效果

交互式教学模式以学生为中心，重在师生交互与学生体验，对课堂教学活动和组织形式重新设计与安排，对教学内容本身没有特殊要求，也无须借助特定复杂的仪器设备，可在不同学科、不同课程中实现，具有很好的推广性。不需要特殊的设备，现有教室中只要有无线网络的覆盖以及手机终端就可以满足需求。也不需要采取"无手机课堂"等强制手段，学生积极主动参与，手机则化身为学习的工具，这样使得学生成为学习过程真正的主人，具有良好的操作性。

目前，这种形式的课程已经在中国药科大学环境科学专业不同年级、多门课程中开展，受到了学生的广泛好评。期末学生的评教结果显示，采用了此形式的课程评分结果均在 96 分以上，最高分则达到了 99 分。

二、教学故事叙述

（一）教学理念

建构主义认为学习是一个积极主动的建构过程，强调以学生为中心，学生是认知的主体，教师对学生的意义建构起帮助和促进作用。在教学环节中应该含有情境创设和协作学习，并在此基础上由学习者自身最终实现对所学知识的意义建构。教学过程既包括了教师教的部分，也包括了学生学的部分。我们常说"授之以鱼不如授之以渔"，因此教师在教学过程中扮演的角色不能局限于教学生知识，而更应该教学生如何去学。模块化教学是按照程序模块化的构想和原则设计一整套与教学内容相关的教育体系。它是在既定的培养目标指导下，将全部教学内容按照一定规则或逻辑关系进行分解，使其成为多个相互关联又相对独立的教学模块，便于教师设置情境，展开相应的后续教学环节。在课堂教学中，模块化教学注重学生对所学知识和技能的主动构建，促进学生在学习过程中积极地获取知识和应用能力解决问题。

（二）教学形式

交互式教学模式共有四个环节：教师导学、学生讨论、互动展示和总结点评。教学过程以学生为中心，这就要求教师在授课上要做减法，学生在学习中要做加法。

1. 教师导学

教师做减法，不再从头讲到尾，只讲一个开头，通过"教师导学"环节，做一个总体性的内容衔接与切入，对一些背景性、基础性概念做解释，对一些宏观性内容做分析和引导，帮助学生将已知和即将接触的新知识联系起来，激发他们对主题的关注和兴趣，调动探究的积极性。"教师导学"环节需要对讨论的内容做一些设置，让学生带着问题去讨论。一般而言，讨论提纲可以设置如下内容：主要知识结构是什么，给你印象最深刻的内容在哪里，是否存在疑问和不理解的地方。讨论提纲也可以不固定，根据当堂课的具体内容做引导性设问。

2. 学生讨论

学生做加法，意味着让学生成为学习的主角。在"学生讨论"环节不指定学生分配任务，让学生根据相关内容，在小组讨论中自然形成各自的角色，发挥各自特长，充分锻炼学生的交往能力、表达能力与合作能力。他们一起交流、一起讨论，能力强的学生往往就会把能力弱的成员带动起来，爱表达的学生往往会把不爱说话的成员带动起来，这样就会形成小组成员一起成长、一起学习的局面。值得注意的是，这样的教学实施模式可以很好地调动学生学习的积极性，特别是有效地避免现行讨论式教学环节中学生讨论言不及义、话语权被少数学生垄断、抓住个别学生言语中的一个词不放等问题，提高了讨论效果。此外，通过这样的教学安排，学生以平等的讨论主体身份参加，其理解能力、逻辑思维能力、语言说服能力、应变能力、组织协调能力等都得到了培养。

3. 互动展示

互动展示采用了大学生喜闻乐见的手机扫码方式来争夺"小组出线与课堂展示权"，

构建出一个热闹活跃、生机勃勃的课堂，激发了学生的参与兴趣，产生一种内驱力。由于需要参与手机扫码为小组"展示权"而战，小组成员会为获得展示的机会而高兴，也会因为没有抢到机会而遗憾，从而增强了学生的团队荣誉感。

4. 总结点评

总结点评可以及时发现学生讨论结果中的亮点，同时指出不足与寄予希望，查漏补缺，进一步巩固"在做中学"的成果。参照教师的点评，学生会对"小伙伴"的表现进行评分。这种"大众点评式"的评分过程让学生主动参与到学习效果的自我管理中来，通过发现别人的优点与不足，实现自我改进与提高。同时教师也需要通过评分权重的设计、异常值的取舍等措施保证评分结果的公平与公正。

（三）教案示例

交互式教学模式重塑了在日常教学环境中的师生角色与任务，重在"教学过程"。以下以环境微生物学这门课为例，从教学形式的四个环节出发做实施过程介绍。

1. 教师导学环节的实施过程

教师导学的核心任务是引导，在整个教学的实施过程中起到引领和启发的作用。在本节课之前学生已经系统地学习了微生物的基础知识。到了该课程的后半程，教学的重点转为主要阐释微生物与环境的相互关系，强调微生物在环境中的地位与作用。这一部分采用的教材涉及"环境中的微生物"的相关内容是以不同环境条件划分的，包括自然环境中的微生物和极端环境中的微生物（见图 3-2），但是笔者在备课时发现这两部分的内容互有交叉、逻辑关系既有平行又有总分，不利于学生理解与掌握。

因此在课堂上教师需要带领学生对原有内容进行重构（见图 3-2 模块化后的内容），帮助学生更好地理解环境生物学的范畴和主要研究对象。按照"总-分"的结构层次，重新划分为三大模块。

模块一着重介绍微生物在生态系统中的作用以及环境条件对微生物的影响（总）。

模块二介绍微生物在两种环境（一般环境和特殊环境）中的情况（分）。

模块三介绍微生物在环境中的行为（分）。

在本环节中，教师的任务主要有：

（1）介绍环境微生物学与普通微生物学的区别和联系。

（2）带领学生快速浏览第一、二章节标题的内容，并且告诉学生可以通过浏览教科书的三级标题获得该段落的内容概要。

（3）拟定分组方案。教师需要安排好学生形成讨论小组，可以通过抽签等方式随机分组。以中国药科大学一个标准班（32 个人）为例，每个小组为 4 个人，共分为 8 组。

（4）提出小组讨论提纲。这两个部分是如何说明环境与微生物关系的？给你印象最深

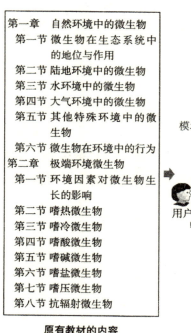

图 3-2　原有教材的内容与模块化后的调整情况示意图

刻的内容在哪里？各个章节内容之间是否存在关联？如果有关联，相互间是怎样的关系？

从上述内容可以看出这些只是对原有教材进行逻辑结构的梳理和优化，并不涉及内容上的大幅度更改，也不需要学生更换教材，保持了教学的连贯性。通过教师设置讨论提纲，引导学生探寻知识点之间的逻辑关系，分析其中的关联。学生通过讨论不但可以知道"如何调整"，更可以明白"为什么调整"，以批判性思维与辩证态度看问题，打破了对教科书所谓"神圣不可更改"的不科学认识，真正懂得了"尽信书不如无书"的道理。

需要注意的是，教师可以根据学生的实际情况对"教师导学"内容做一些调整。由于中国药科大学环境科学专业的学生已经参与过多次交互式讨论过程，对"总-分"或者"总-分-总"的结构层次有一定了解，因此在教师任务中不需要交代相关的内容。如果学生未形成这方面意识，教师可以在导学环节做一些结构层次方面的介绍，甚至可以告诉学生需要重新划分为三个模块，但是至于如何划分，分为哪三个模块，就需要学生分组讨论解决。可见，"教师导学"环节不是对教学内容做"满堂灌"式的阐述，而是要解决"学生讨论"环节无法自发实现的思路性、整体性问题。因此最终的内容不需要也不能直接告诉学生，而是从宏观视角为学生开启讨论之门，通过让学生讨论从而发现规律、获得答案。

2. 学生讨论环节的实施过程

学生小组讨论是交互式教学模式的主要组织形式。在讨论中让学生真正作为主体参与教学活动，使学生动脑、动手、动眼、动情，积极投入到学习过程中。拟定分组方案在"教师导学"环节完成，学生分组以随机方式产生，教师可以根据实际情况做出一些微调，避免出现性别比例严重失调的情况，但对每位同学做什么工作不做具体安排。在"学生讨论"环节正式开始前，学生首先需要根据自身的特点和特长，讨论小组内的角色分配并组织实施。笔者发现在整个实施过程中每个学生都能够积极、主动地参与，他们经过讨论后自发形成了三个角色：组长，主要职责是组织本组讨论、控制好时间，安排其他组员完成相应的工作；秘书，主要职责是负责记录本组的讨论内容；发言人，主要职责是负责在展示环节争夺抢答权并且向全班展示本组讨论的内容。这样在后续的讨论环节中每一个工种都由一名学生负责，全流程由组长总负责，一名学生轮岗作为机动（见图3-3）。

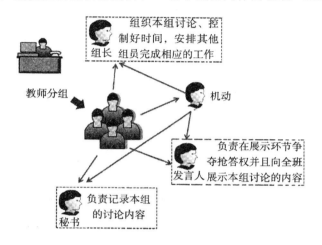

图3-3　学生小组讨论与角色扮演

这样的实施方法使每位学生对即将开展的工作既有总体性认知，对个人的任务又清晰明确。值得注意的是，上述的分工完全由学生讨论获得，任课教师不做任何干涉。这样的"体会式"实施方法重归纳、分析、渗透、综合，唤醒和启发了学生的参与性、自觉性、主动性，培养和鼓励了学生的独特性、创造性。每一位学生工作的成败都会和小组整体工作完成与否有直接关联，大家都是本着为他人负责就是为自己负责的态度参与其中，避免了学生自私与消极的态度，更好地培养了学生的思考能力、团队合作能力和创造能力，引导学生处理好个人责任与集体利益之间的关系。

3. 互动展示环节的实施过程

在互动展示环节中，互动是手段，展示是目的。通过采用大学生喜闻乐见的手机扫码的方式让学生参与抢答，获得"小组出线与课堂展示权"，使课堂气氛更加活跃。

我们经常说"看三遍不如讲一遍"，其意思是指对知识的理解仅有"看进去"（输入）的过程还远远不够，只有通过自身加工后"讲出来"（输出）才是真正的掌握。在教学中设置情境，让学生体验一下教师的角色，通过学生给学生讲授，以学生的"经验成长"为中心，以学生的潜能为动力，将学习效果与学生表现愿望结合起来。因此在上述互动环节获得"展示权"后，发言人需要将小组讨论内容向全班学生展示。这样的表现形式新颖，语言更加贴近学生，极大提高了学生的学习效果。这是学生在亲力亲为之后的自我认识和相互认识阶段。学生以"教师"的角色对讨论的内容进行阐述与总结，本身也是对小组讨论结果的重新认识，而作为这一阶段的"主持人"，教师需要鼓励与引导学生积极反思和表达他们"教学"体验后的真实感受，特别是要求他们挖掘内心的真实认知，在自我反思的基础上与同学进行讨论、分享交流和互相学习。

4. 总结点评环节的实施过程

"总结点评"阶段是整个教学过程的升华，也是交互式教学模式成功的先决条件（见图3-4）。教师需要对小组讨论、结果展示等内容有回应与反馈。因此，本环节教师可以带领学生在反思讨论的基础上对本环节教学内容进行归纳总结与点评，发现学生活动的优点，指出不足与改进措施，激活蕴含在教学中的隐形教育因素，唤醒学生的自我意识，帮助学生在学习过程中产生改变自己的认知，形成改变自己的动机，并将这些感受和变化运用到现实环境中，带来个人学习能力的转变和综合素质的提升。

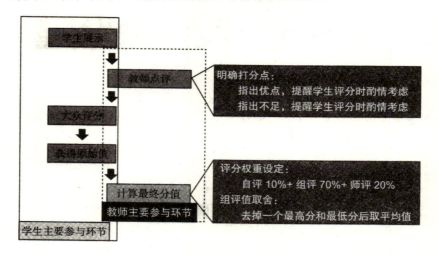

图3-4　点评阶段教师和学生参与环节及教师把控点

交互式教学是教师"教"与学生"学"的统一。因此在教学过程中，需要注意素质的"教"与"学"。新时期对学生品德的教育与培养不能停留在说教层面上，要根据学生的个性特征，以多种方式潜移默化地影响和教育学生。学生具有很强的向师性，教师在教学过程中的一言一行，都会对学生产生积极或负面的影响。因此，在点评中教师需要对学生讨论与展示的内容进行客观评价，不夸张、不包庇，实事求是地指出学生展现出的优点与存在的不足，同时也帮助其他学生通过发现别人的优点与不足，实现自我改进与提高。

为提高学生的参与热情，引起大家的重视，学生的讨论与展示活动需要折算成相应分数。在这一环节需要坚持"教师与学生人人参与，平等对话"的原则，将传统的教师居高临下的权威转向"平等中的首席"，形成平等和谐的教学伦理关系，最终形成真正的"学习共同体"。教师并不直接给出分数，而是引导学生参照点评，组织其他学生对发言小组的表现进行匿名评分，这种大众点评式的评分过程公开透明，可以让学生参与到学习效果的自我管理中，同时教师也需要通过评分权重的设计、异常值的取舍等措施保证评分结果的公平与公正。

第四章 高校教育教学的实践模式研究

"以学生为中心"的教学模式在高校教育中的应用是当前高校教学研究的热点之一。针对当前高校教学中存在的问题，根据"以学生为中心"的教学模式特点，在具体的教学实践中以学生为中心的教学模式，取得了较好的教学效果。

第一节 高校教育教学情景模拟教学法

2013年7月在北京工业大学耿丹学院（以下简称耿丹学院）成立的showBIM工作室，以建筑信息模型（BIM）为技术核心，以利他主义为核心价值观，从事建筑、结构、装修、景观设计等多方面的专业教学。模拟学生未来走向的工作环境，严格按照公司运营方式，设置管理组织架构，充分实现学生自治，为社会培养实用型人才。showBIM工作室除了没有工资外，其他与真实公司几乎一样。经多年实践，showBIM工作室总结形成了成熟完善的全新教学法——情景模拟教学法。

一、概述

综合素质的培养一直是我国教育体系中的重要环节，我国大学生普遍在学术知识及专业技能方面表现出很高的素养，但与同等教育水平的国外大学生对比，国外大学生往往在综合素质方面表现得更为出色。究其缘由，恰恰是目前我国的教育中仍然将"知识本身"作为教育的核心，教师仅仅对课本上的知识照本宣科，忽略了对学生道德品行、人际交往、管理组织等综合潜能的激发和引导。学生除了面对"填鸭式"的沉闷课堂，只能通过死板的考试分数及考勤记录证明自己的学习成果。

根据调查报告，2016年高校毕业生有765万人，创历史新高，加上高职院校毕业生，仅这两项新增就业人数达1200多万人。对于工作经验几乎为零的应届毕业生来说，企业往往把更多的信任留给名校，那么对于大多数二本甚至三本院校的学生来说，又该如何在众多名校高才生中脱颖而出呢？

为解决这一棘手问题，我们在耿丹学院艺术系环艺专业创立了 showBIM 工作室，结合学生实际情况摸索出了一套独特的"情景模拟教学法"。按照学生未来走向的企业环境格局，严格按照公司运营方式，设置管理组织架构，充分实现学生自治，同时以 BIM 为技术核心，以利他主义为核心价值观展开教学。责任教授时刻陪伴在学生身边悉心教导，将学生由"要我学"变成"我要学"，由被动学习的客体转变为主动学习的主体。这不仅能够教会学生自主学习，而且在与学生一起生活的过程中教会学生如何做人、做事。

这样的情景模拟教学法改变了在应试教育环境下不愿意学习的所谓"差学生"，发现他们作为可造之才的长处，因材施教，对其委以重任，加以点拨，启发帮助他们建立自主学习的习惯、信心，不断地引导学生创造、创新，提高学生的综合素质。

二、教学模式创新

showBIM 工作室现已发展至 110 人，共四个年级学生（大一至大四），由大三学生领导，大四原有领导班子进入理事会，参与工作室的重大事项决策，继续辅助大三领导班子进行工作室的管理工作。毕业后所有学生进入 showBIM 学术协会，紧密围绕 showBIM，继续关注、分享 showBIM 平台。

其主要教育管理方式如下：

（一）以"利他主义思想"为核心价值观

工作室以"利他主义思想"作为核心价值观，倡导人性化的教育管理手段，让学生正确地认识人性的本质——"趋利避害"，以此培养正确的"利他主义思想"价值观，要想"利己"先要"利他"，利他即利己。

例如：培养学生团队意识、搞好团队建设、培养集体荣誉感、提高团队整体水平，从而利用良好的大环境提升自身素养，得以实现利己的目的。

（二）"没有工资的公司"

工作室严格按照公司标准设置理事长、总经理、副总经理、部门主管等职位。下设五大部门：行政部、执行部、企宣部、技术部、人力资源部，他们各司其职。

同时建立健全的"公司章程制度"进行严格管理。showBIM 工作室除了没有工资外，其他与真实公司几乎一样。

（三）工位桌面上摆放物品不得超过七件

要随时保持办公学习环境的整洁，从细小的生活习惯抓起，培养优秀设计师该有的品位与条理性。

（四）佩戴工牌

在大学的四年，showBIM 工作室的学生有双重身份：一是大学生，二是在职员工，他们进入工作室必须佩戴工牌，工作室提倡学生平时也佩戴工牌，这样可以增强团队的使命感和荣誉感。

（五）建立师徒制

大三的学长当大一学生的师傅，大四的学长当大二学生的师傅，传授工具软件的操作及辅导作业。

师徒制的创立，不仅是为 showBIM 团队培养"教官"，更重要的是让作为师傅的大三及大四学生多了一份担当和使命感，在教中学、在教中深化和感悟。

（六）将考试变通成为一种高效的学习方法

将新的课程以考试的形式传授。考试时长根据课程所需课时而定，可历时一周或十几天，甚至压缩课程时间，使学生能够在短时间内专注高效地学习。考试期间，学生可通过查阅资料或互相交流学习经验提高自身，但不得互相拷贝和抄袭。考试后，教师一对一面对学生现场阅卷，根据学生现场汇报和操作进行成绩评定，以此杜绝学生考试作弊。

这种方式打破了先上课后考试的原有教学模式，避免了学生在前期学习中抓不住重点、缺乏学习积极性的弊端。利用考试让学生准确抓住具体问题，再让其通过自己的方式解决，不仅调动了学生的自主学习意识，还让学生更加明确了学习目标，提高了学习效率。

（七）竞选制度

每年，从大一到大三的领导班子都要竞选，这样能最大限度保证大三执政领导班子的可靠性，同时培养竞争意识。

（八）用"如果……就好了"造句

每月由技术部收集整理大家在日常生活、学习中所造的句子，将有价值的句子收编成为创意课题作业，培养学生的观察能力、提出问题和解决问题的能力，进而开发创造性的思维。

（九）成绩制度

a. 学生的学期总成绩是每次作业成绩、考试成绩的加权平均值。

b. 考勤与学期总成绩挂钩，旷课一次扣 5 分，迟到一次扣 1 分，符合规定的请假不扣分，事假扣 3 分。

c. 比赛获奖、全勤奖或杰出贡献奖等，可给总成绩加分，最高 5 分。

d. 有些成绩是由技术部主管、经理或师傅给评定的，下放权力，更利于提高管理绩效。

e. 成绩表在群里及时公布，让学生及时了解自己的成绩以及与其他学生的差距。

f. 学期总成绩的"贷款制度"。上学期总成绩不及格且不低于 55 分的，可申请向下学期"贷款"，利息为 5 倍，即借 1 分还 5 分。

g. 学生需按时上交作业，否则该作业成绩为 0 分。如有特殊原因不能按时完成作业，需经技术部主管和理事会签字同意后方可缓交。

h. 成绩及时公布。学生如果对作业成绩不满意，可以提出申请，重做再提交作业。

i. 作业的最终成绩＝首次成绩×40％＋重做成绩×60％。

这样能让学生更好地掌握知识，培养学生精益求精的治学态度，引导其主动成长的意识。

（十）涉猎专业书刊

要求学生从大一年级开始就订阅《建筑学报》《装修设计》等专业报刊，每周大声朗读、精读一篇专业文章并做成 PPT，把自己当成作者给学生演讲。在训练语言表达能力的同时与学生分享专业知识，将好文章变成 MP3 文件，利用手机随身听。

（十一）工地实践教学

根据专业需求，每名学生都拥有一顶安全帽，定期组织学生深入施工现场，针对具体问题进行具体讲解。

要求学生对施工过程全程记录，将在工地发现的问题做详细整理，向现场工人请教，并将发现的问题及解决办法写成工程记录报告。

此举不仅培养了学生发现问题和解决问题的能力，更是让学生身临其境，通过实践获得知识，更易提高。

（十二）实践周外出考察

每年 7 月统一组织校外实践周活动，对校外合作企业及项目进行考察、学习。这不仅能开阔学生的专业视野，而且能更加促进企业文化的发展，加强团队凝聚力。

（十三）集体活动

每周日 15：00 至 18：30 是全体 showBIM 成员的聚会时间，组织学习交流、做活动、例会、述职等。

（十四）成立 showBIM 讲堂

我们成立 showBIM 讲堂，为学生提供更多自我展示的平台。由技术部组织，利用课余时间，不同的学生上台为大家分享不同的专业技能，其内容不仅局限于本专业，如茶道、红酒文化、咖啡文化、视频制作技巧、PPT 制作排版、摄影、演讲的技能技巧等都有所体现，所有具备一技之长的学生都有机会得以施展，其他学生也能通过他们的演讲收获不同的知识。

（十五）"尖刀连"

从大一到大四的学生中挑选出专业技能相对突出者，组成"尖刀连"，协同教授完成项目，集中力量培训。把"尖刀连"培养成大家的榜样，带动其他人学习、进步。

（十六）showBIM 设计大赛

当前建筑设计院缺乏 BIM 的相关软件操作手，大学里缺乏掌握丰富专业知识和经验的学生。

让大学生掌握 BIM 的相关软件操作并非难事，难的是如何让学生将操作与专业技术知识融会贯通，从而得心应手。

为了培养学生的实战综合能力，用实际项目，如每学期举办一次"showBIM 设计大赛"，把全体成员分成若干个竞标小组，模拟社会行业竞标，让学生顺藤摸瓜地在竞标过程中自己发现问题、解决问题。

（十七）showBIM 毕业典礼

每年 6 月底，由大三学生带领大一、大二学生自行策划组织，为大四的学长举办特有的 showBIM 毕业典礼，庆贺学长顺利毕业走入人生新阶段。

（十八）成立北京师徒邦建筑艺术设计有限公司

在校内成立的北京师徒邦建筑艺术设计有限公司与 showBIM 工作室紧密结合、相辅相成，实现真正意义上的校企合作。

三、教学效果及其影响力

在自主学习能力的培养上，showBIM 工作室会采取区别于传统教学模式的方法，例如：面对一款全新的软件，教授不会对软件操作命令进行手把手直接教学，而会利用实际的项目任务书，提出具体要求，并提供软件教学视频，让学生一边设计一边进行软件学习。

同样性质的类似做法还有很多，这样的做法不仅提高了学生的学习积极性及自主学习的能力，让学生利用具体方法解决具体问题，更让学生在依靠自己的力量解决问题后，信心得到了极大的提升，更加深了对知识的记忆。这样不仅降低了教师的工作压力，而且提高了学生的学习效率。

目前，工作室里有大一年级至大四年级共计百余名学生，每名学生均能主动地进行自我学习、自我提升。高年级的学生经过真实项目的参与和锻炼后，都具备独立管理组织的能力。

在连续两年举办的 showBIM 设计大赛中，学生均能依靠团队的力量，有效地组织项目设计任务，完成令人惊喜的作品。

showBIM 设计大赛的目的并非一味虚荣地追求荣誉和第三方的证明。在前期的学生动员工作中也一再强调，不要把大赛当作负担，更不要因为能力不够、对奖项缺乏竞争力就自暴自弃。

设计大赛更多的是为了拉动学习。分组竞标一方面是利用竞争心理刺激学生互相比较、共同进步，另一方面是模拟项目组的团队工作模式，锻炼学生的项目统筹和管理能力，在团队协作过程中，互相帮助消除了学习的孤独感和恐惧感。

活动的过程中大赛组委会会集合各方面的师资力量针对大赛要求的最后提交成果，统一为学生安排如多媒体制作课程、手绘表达课程、建筑基础课程、景观规划、室内装饰及营销策划的相应课程。同时也会建立学生微信群，及时与学生沟通，不定期针对学生遇到的实际问题分项上课，让学生在具体问题中找到解决办法，更利于提高学习效率。

showBIM 工作室送出的优秀毕业生，均凭借良好的专业素养及职业修养在各自工作岗位上发光发热。所有毕业生在 showBIM 工作室毕业前要求掌握完整的项目制作及现场汇报能力，达到毕业即上岗的职业要求。

2011 级学生贾岛，加入工作室之前由于不爱学习、成绩太差被留级到当时的 2011 级，本着工作室因材施教的教学理念，教授找准他的兴趣点，利用真实项目带动学习，对其积极鼓励加以引导，帮助他重新建立起学习的信心，在最终的毕业设计中，贾岛出色地完成了他的作品，并被评为系优秀毕业设计。在贾岛的毕业典礼中，他的母亲不远万里地从新疆赶来，为工作室亲手送上了"因材施教，授业有道"的锦旗和亲笔的感谢信。

以下为贾岛母亲的感谢信节选：

"贾岛从小学到初中一直都是个成绩优异的学生，由于高中沉迷于网络游戏，他开始不管不顾地过着有一天混一天的日子。这样的状态一直持续到大二结束，升上大三后，学校开始按工作室形式上课，贾岛作为'差生'被'发配'到了 showBIM 工作室，在这里，贾岛遇到了他的恩师林植潘教授，于是一切都有了转机，贾岛彻底改变了，他开始有了自信，积极向上，变得爱学习，对人生也有了新目标。每次电话中，他都兴致勃勃地给我们讲工作室的情况，跟我们讲林老师怎么说的，怎么教育他的，今天又教了他们什么样的技术。他把完成的作品发给我们看，告诉我们他又学了什么新技能，解决了什么样的技术难题，我甚至都不敢相信这突如其来的改变。我们期盼已久的事变成了现实，迷失的孩子终于找到了归途。作为母亲，我兴奋的心情无以言表。过去贾岛每天不上课，现在他常常在工作室做设计，加班到深夜，废寝忘食。

今天，我第四次来到了这里，怀着诚挚的敬意向耿丹学院、学院领导、showBIM 工作室的林植潘教授，以及每一位给予贾岛帮助的教师表达我最真心的感谢，尤其是林植潘教授，用贾岛自己的话说，'多亏我留了一级，我才能遇到林植潘老师，他教会我做有价值的人，做一个靠谱的人'。浪子回头金不换，贾岛在工作室设计了许多优秀的作品，在第一届 showBIM 设计比赛中获得了奖项，毕业设计还被推选为'优秀作品'。作为贾岛的母亲，我为我的孩子感到无比的骄傲和自豪。我感激的心情无以言表，毕竟有什么能比看到自己孩子的成长更幸福欣慰的呢?"

这样的教育，帮助像贾岛这样所谓的"差生"重新定义自己的人生价值，树立新的人生目标，从而改变了他的未来。

目前 showBIM 工作室已由学生参与完成了"Khavarani 艺术馆""蜗牛美食驿站""产品工作室改造"等多项技术含量较高的设计项目，部分项目已在校内实地落成。艺术装置"超级生产线"（Ultralimit Production Line）得到艺术各界的广泛认可。

其创新的教学模式代表耿丹学院参加 2016 年西交利物浦大学全国教学创新大赛并获得年度创新提名奖。我们还组建了 showBIM 创业团队参加 2016 年北京地区高校大学生优秀团队评选并获得佳绩。showBIM 工作室更是在 2016 年 10 月被中国民办教育协会高等教育专业委员会授予创新创业教育实践实训基地建设奖。

四、结语

showBIM 工作室现已逐渐成为耿丹学院艺术系的先进力量，大力地推动了艺术系各工作室的建设发展，也为耿丹学院的教学树立了榜样，掀起了一股新的学习风潮。

目前"教而不育"的模式仍普遍存在于教育界，如何解决现有的"只教书不育人"的关键问题，真正做到以学生为中心，关注学生，发现其兴趣点，启发学生建立自信心，引导学生真正地在"德、智、体、美"上全面发展成为亟待解决的大问题。

情景模拟教学法的应用，能够帮助学生快速地进入工作状态，建立良好的自信心及角色所承担的使命感，激发学生内在潜能。情景模拟教学法不仅仅局限于单一的专业学科，结合社会岗位的设置，其广泛运用到各个专业的教学中，如工程管理、营销策划等。利用沙盘推演帮助学生建立良好的团队合作意识，正确理解团队中各岗位的明确职责，建立符合自身情况的兴趣点，从而进行有目的的专项学习。

从理论到实践，情景模拟教学法在某种意义上是中国高等教育革命性的一种创新，它将会影响耿丹学院乃至整个教育界教学模式变革。耿丹学院 showBIM 工作室的情景模拟教学法，让学生充分激发自己的潜能，发挥自身价值，培养其综合素质，经过四年的学习，使学生成长为具备优秀专业素质和职业素养的社会性人才。

第二节　高校教育教学合作体系的构建

随着近年来中国高等教育改革的深入，本案例结合信息时代的变迁、高校人才培养的转型升级、发挥青年教师优势、改善教学实效的背景和问题，阐述教学改革创新的理念和实践，以"毛泽东思想和中国特色社会主义理论体系概论"课程为例，课程教学中构建包含三大特点（任务驱动、团队合作、参与体验）和四大环节（翻转课堂、方法实训、校地调研、基地探访）的课堂和校园内外相结合（跨越时空）、网络资源和现实资源相结合（虚实结合）、知识理论和实践经验相结合（知行合一），以学生为主力主体、教师为主持主导，师－生/生－生相互作用、互教互助互学、开放相融共生的"教学合作共同体"的教学模式和体系，最后做效果分析和反思。

近年来，在中国高等教育改革不断深入及世界高等教育面临深刻变革的大背景下，全国各大高校在教育教学改革上都有一系列的创新举措。

本案例将从"背景和问题阐述""理念和实践创新""效果和影响分析"三部分来陈述笔者在这一领域的思考和探索、实践和成果。

一、背景和问题阐述

1. 信息时代，知识的获取与传播不再依赖于有限的课堂和教师，传统高校课堂的一言堂、讲授式、灌输式的教学方式再也难以适用。那么大学教育应如何改革创新以顺应时代发展与社会变迁的特点和要求，有效利用信息技术和网络资源，培养适应时代的学习型、创新型人才？

2. 中国高等教育改革深化，各高校在自我定位、人才培养目标、教师发展等方面不同，因而也面临不同的转型升级需求。笔者所在学校定位为应用型本科高校，以培养有实践创新能力的应用型人才为主要目标，学院教师也以教学型或教学与科研并重型为发展方向。那么本校和教师发展的转型升级该如何进行？

3. 笔者工作 8 余年，教学累计 2000 学时、近万人次，每每与众多的学生共度如此长的教学时光时，深感教书育人的责任重大。作为青年教师，如何发挥和学生年龄贴近、经历相似和共同成长需要的优势，如何真正深度融入其学习生活、参与其思想和生命发展过程并产生积极正面的影响，共同成长、成就一段交融互益的校园时光和经历？

在对上述问题和背景的反复思考中，笔者逐步探索形成了"知行合一"与"教学合作共同体"的教学模式和体系。

二、理念和创新实践

（一）理念目标

科学实证研究发现：学习者通过"教"和"做"的方式对知识的掌握程度能达到90%以上，远高于"听"和"看"的方式。结合"以学生为中心""做中学""教学做合一"及现代建构主义强调学生主动探索，通过意义建构的方式获取知识的教育理论理念，笔者试图着力构建课堂和校园内外相结合（跨越时空）、网络资源和现实资源相结合（虚实结合）、知识理论和实践经验相结合的（知行合一），以学生为主力主体、教师为主持主导、师－生/生－生相互作用、互教互助互学、开放相融共生的"教学合作共同体"的教学模式和体系。

上述模式着重培养学生的信息素养、过程管理能力、交流互动能力、态度学习和情感价值观5个一级维度、10个二级维度、23个三级维度的能力和素养（见表4-1）。

表4-1　"知行合一"的"教学合作共同体"体系之学生能力和素养形成维度及分解表

一级维度	二级维度	三级维度
信息素养	信息获取能力	关键词查找能力
		数据库选择能力
		信息筛选能力
	信息、知识处理能力	信息加工能力
		知识呈现能力
	利用信息技术改进学习的能力	网络学习能力
过程管理能力	计划统筹能力	统筹资源能力：时空、人、财、物
		计划实施：执行能力
	执行调控能力	临场应激、调控能力
交流互动能力	师－生交互能力、生－生交互能力（多元主体）	表达能力：语言陈述、反驳、辩论能力 动作演绎、身体表现能力
		分析判断能力
		质疑、批判能力
		领导、分工、协作能力

一级维度	二级维度	三级维度
态度学习	动机	主动性、责任意识
		探索意愿、创新意识
		意志力、动机维持能力
	激励	欣赏能力、鼓励
		榜样的正能量激励、传播
情感、价值观	榜样学习（向教师、学生）	认真、进取品质、敬业精神
		仁爱、接纳、宽容品德
		同理心、共情、移情能力
		开放竞争、分担与分享、共生共赢
		公开、公平、公正

（二）创新实践

1. 总体介绍

笔者结合课程和学生特点、多年教学积累和经验，吸收并借鉴了当前风靡全国的娱乐节目"明星导师制"，逐步形成"三大特点＋四大环节"的"知行合一"的"教学合作共同体"体系（见表4-2、表4-3）。

表4-2　"知行合一"的"教学合作共同体"体系之"三大特点"

	特点	原则、做法	特点优点
三大特点	任务驱动	教师根据学生的学习基础和认知特点，设计符合学生能力水平的主题（保证在最近发展区内学习）	任务具体明确，有截止日期，提高执行力，治拖延症
	团队合作	根据学时、人数、任务复杂程度有机安排分组	克服大班教学教师少、学生多的劣势，发挥同伴教学的优势，学会分工协作、激励促进、共生共进
	参与体验	教师创设各种"做"的情境，学生边学边做	以学生为中心，学生可做到将学、教、做融合一体，达到"知行合一"

表4-3　"知行合一"的"教学合作共同体"体系之"四大环节"

环节	场所	具体做法	特点优点
翻转课堂	课堂（教育教学核心场所）	学生以小组形式提前准备主题（充分利用网络资源、结合教师课堂待授内容） 学生翻转课堂，上台解说、演绎主题。形式丰富：讲演辩论、情境表演、现场采访、相声小品等 教师和其他学生共同打分，并陈述理由	时空拓展、虚实结合、形式多样、内容丰富、教做学一体
方法实训	实训厅	教师巧取现实问题引导学生在讨论中学会方法、转变态度 教师带领学生采用发散式的头脑风暴、天马行空，找出尽量多的方法，体验课程思想精髓——"解放思想" 教师带领学生用收敛式的反头脑风暴、脚踏实地，排除上述不合理、有缺陷的方法，体验课程另一精髓——"实事求是"	时空拓展、虚实结合、形式多样、内容丰富、师生互补、生生互学、教做学一体
校地调研	校园、大学城周围、家乡	学生自行组队，从教师设计的选题范围中确定主题，并经教师审核通过 教师辅导，学生展开调查，撰写报告，修改结题	
体验感悟	南京本地	教师组织学生班级出游、参观寻访（充分利用南京本地丰富的历史文化资源） 学生以PPT、视频等形式记录过程、纪念活动、提炼升华意义	

三、效果和影响分析

（一）效果良好

师生角色任务变化，满意度增加，在互相影响、促进提高中真正实现教学相长。

1. 师生在地位、任务、角色和功能上都有所转变。教师从原先单一单向的知识教授者、传播者，转变为在知识能力大厦构建过程中的"项目经理""编剧导演""监制督导"等角色，学生从原先被动的知识接受者，转变为教学实践中的主力主体和"主人翁"，在团队合作、完成任务中经历自觉自主、自控的学习探索。师生的角色平等自如、动态高效地切换和互动，使得教师教中有学，学生学中有教，形成"知行合一"、学教融合、相互激励共同成长、良性迭代发展的教学合作共同体。

2. 学生在学习兴趣、行为习惯、学习效果、综合能力、满意度等方面都有显著提高。学生在过程中获得经历和体验，大大加深对本课程、本学科知识内容的理解，加深兴趣和喜爱。除了"到课率""课堂参与度""评教满意度""作业数量质量"等量化指标明显提高外，综合能力也在锻炼中逐步提高，尤其是素养和能力都有明显提高。

3. 教师事业满意度提高。因为教学留有创新空间，教师能力也得到促进、锻炼和提高。

在创新教学中，教师的综合能力进一步得到锻炼并提高。教师需要基于课程内容和学生的认知特点、学习基础、兴趣和需求为学生设计合适的任务项目；教师需要在学生互动时有快速准确的临场调控能力和灵活应对经验；教师还需要善于拆分步骤、使用合理方法进行过程管理和指导；最重要的是，教师必须展现出客观、理性、有原则和热情、宽容、擅于激励的职业素养与人格魅力等。

作为教师，当笔者和全班同学一起被上台学生高水平的作业和表现惊艳时，看到学生因为点评意见不同在课堂上争辩得面红耳赤，再次要求老师明确评价标准时，当笔者总是被学生围着，只因他们想提前几周就打听到作业以便充分准备力求完美时，当得知学生周末加班加点增强新技能（如自学 PPT 动画、视频剪辑等）、宿舍教室排练多次被舍友吐槽耳朵出老茧、借服装道具扩音设备费尽心思时，笔者都倍感兴奋、激励和欣慰。从 2015年学院的摄录机配备到位后，笔者毫不犹豫地把摄录机架上讲台，把学生每堂课的精彩表现和难忘瞬间都录制下来，经过处理最终刻录成 DVD 盘送给学生作为永久留念，这也是对师生共同完成的精彩教学现场和现实教学成果的真实记录和极大肯定！

这也是促使笔者积极参加西交利物浦教学创新比赛的动力和缘由。通过比赛，记录和提炼、见证并分享笔者和学生这些年一起成长的宝贵经历，在紧密交流中，互相学习促进！

（二）影响力和普及性强

笔者的教学创新探索至今已进入第四年，历经七轮，粗略估算已有 3000 多名学生参与体验过。除了得到学生的一致好评外，探索和实践成果也在逐步完善并不断总结提炼中得到更多的支持和认可。学院内部、兄弟院校及省内同行、专家领导等，都有过就本模式和体系的各特点环节、优缺点等展开交流研讨和经验汇报。笔者主持的相关教改课题也已通过中期检查，相关论文也即将通过审核得以发表，相关内容的微课作品荣获 2015 年全国微课教学比赛（本科组）江苏赛区（省厅级）一等奖和全国（国家级）优秀奖。

第三节　高校教育实践型教学模式研究

　　基于"以学生为本"的教育理念，本案例在教学实践中探索实践导向型的教学模式在大学财经类金融专业本科教学中的应用，将"微信运用"模式用于教学过程、教学行为、学生学习方式及教学效果等方面的改变，以苏州大学国际金融课程为例，指出在引入实践导向型教学过程中，授课教师在教学理念、教学内容、教学策略和方法等方面所做出的创新尝试，因此而使学生在学习主动性、分析问题与解决问题能力、专业学习效果和综合素质等方面的显著提升。通过进一步分析该教学模式的影响与教学适用性，希望能与国内金融学专业学者共同研究和探讨此类教学模式，促进高等教育改革的深化以及高等教育教学水平的提升。

一、在苏州大学金融学本科教学中引入实践导向型教学方法

　　当前科技的进步对高等教育人才培养目标（培养什么人才）提出了更高的要求和挑战，需要培育高层次、具有专业化知识和综合运用能力的国际化人才，使其能够整合多学科专业知识，综合分析复杂问题，并提出有效解决方案。这就要求高等教育工作者探索如何培养相应的高素质人才（如何培养人才）。

　　在金融专业领域，从业人员面临的情况非常复杂，这就要求金融专业从业人员能够综合运用财经类多种专业知识和技能，以应对未来工作中出现的各种情况和问题，并协同相关部门提出解决方案，同时在实践过程中不断总结经验教训，进一步完善已有知识体系，所以金融专业从业人员需要在职业生涯中不断探索和应用新的知识，不断提高自己的专业能力，并增强自己的跨学科交流和团队协作能力。因此，对于相应人才的培养（或教学模式创新）需要显著提升学生专业学习效果的同时，指导他们发挥主动性和自主学习的能力，提升专业综合素质。

　　为实现培养目标，在苏州大学（以下简称苏大）金融系探索尝试实践导向型教学模式，旨在创造以学生为本的自主学习环境，通过学生经常使用的微信工具，引导学生综合运用所学知识和技能，同时发现、分析并解决问题，并通过学生之间的相互交流，提高学生的学习兴趣，提升学习效果，同时培养学生实践导向型学习的能力。与传统教学模式相比，实践导向型教学模式在教学过程、教学行为和教学效果等方面都有显著的改变。

　　教学过程。与传统课堂上要求学生认真听讲、回答提问和完成教师布置的作业的教学方式不同，实践导向型教学模式引导学生参与到微信众筹的实践"过程"中，"如模拟各

种众筹项目运营活动等"，同时，根据不同学生的特点采取因材施教的方式，鼓励学生发挥自身能力大胆创新，选择不同的运营方式和手段，达到各自团队的目标，并在此过程中提高学生之间的协同能力。

教学行为。在实践导向型教学模式下，我们调动了学生的主动性，确保学生在教学中的主体地位，引导学生自觉学习与发展。在该教学模式下，我们创造了生动活泼的课堂气氛，鼓励学生质疑问题、培养学生用于探索创新的能力。

教学效果。这种以实践为引导、以学生为本的创新教学模式，不仅能够为学生提供实践的模拟空间，也能培养学生发现问题、分析问题和解决问题的能力。这种教学模式激发了学生学习的动机，提高了学生学习的主动性和积极性。

我们在以上教学模式创新实践中遵循了高等教学的特性。第一，专业理论性。实践导向型教学以专业理论知识教育为主要任务，微信众筹就是围绕金融专业而展开的教学活动。第二，独立性。实践导向型教学要求学生在教师指导下相对独立地掌握专业知识，独立地完成金融创新实践的过程。第三，创造性。实践导向型教学让学生在掌握专业知识的基础上，在微信众筹探索活动中，发挥学生的创造能力。第四，实践性。实践导向型教学可以使学生将高度抽象的专业理论知识应用于具体实践活动中。以下就以苏大金融学专业三年级下学期的金融学课程为例，介绍我们在该课程中的创新性、影响力及普及性。

二、金融学课程（四年制本科三年级下学期、专业第二年）

金融学专业课程是一门应用经济学的课程，金融学专业所涉及之事非常广泛，因此，传统教学方式很难在教学活动中取得学生满意的教学效果。我们采取实践导向型教学模式，为学生提供了综合运用金融专业知识与其他专业知识的机会。同时，通过设计微信众筹方式，将学生带入实践导向型教学模式中，让学生在实践中发挥独立思考和创新的能力。

（一）创新性

教育、学习、发展是教育理论与教育实践共同关心的核心问题。当今教育所倡导的主体性教育，强调以学生为本，发展学生的主体性，但并不否认教师这一主体。教育的目标就是促进每一个学生发展，教育必须以学生为本，以学生的发展为本，本着"一切为了学生，为了一切学生，为了学生的一切"的宗旨，做好教育教学工作。在"以学生为本"的教学理念指导下，该课程的创新性主要体现在教学理念、教学目标、教学内容及教学策略和方法等方面。

1. 创新的背景

目前，高等教育正处于新常态下国内外产业结构转型升级和国际资本加速流动的背景下，对金融专业国际化创新人才的需求促进了教学模式的创新。而发现学习法是学生利用教师和书籍等提供的材料，在教师的提示和引导下进行探究和思考，从而自己得出或发现有关原理或结论的一种教学方法。

2. 创新的目标和内容

该课程设定沙盘模拟环境，题目叫作"南瓜国的七天"微信众筹实践活动。模拟一个四部门岛国，包括政府、金融机构、企业、个人，学生抽签获得自己担当的角色。各部门都有相应的资金和权限，其中，企业和个人虽然拥有一定数量的自有资金，但还需通过微信众筹方式筹集资金，在设定的 7 天内需要实现自身经营利润最大化目标。现行利率：法定存款准备金率 3%，再贴现率 5%，存款利率为 3%，贷款利率为 6%，商业银行在利率方面有 0.5% 的自由度。该课程开展创新是为了使学生都能根据市场状况，对自己的产品进行设计和路演，体验在市场竞争环境下微信众筹可发挥的作用及在实施微信众筹过程中存在的问题，这样可以提高学生运用金融专业知识解决实际问题的能力。

3. 创新的效果

布鲁纳认为动机是推动人行为的动因，学习动机是激发人学习的动因。人类学习动机有两类，即内部学习动机和外部学习动机。内部学习动机由内驱动力引起，对学习活动本身有需要。外部学习动机由客观要求引起，是一种附加的作用，如教师、家长通过奖惩促使学生学习就属于外部学习动机。内部学习动机比外部学习动机更强烈而持久，这是由于人有好奇心的内驱力、好胜的内驱力和互惠的内驱力。在实施该课程的创新教学模式后，我们提高了学生的学习兴趣，增强了学生内部学习动机。对学生来说在课堂中应用微信是一个挑战。首先是他们身份的转变。学生的角色从传统课堂中的"听众"变成了"主动学习者"，即学生自己掌握学习的节奏并需要与小组整体步调保持一致。其次是学生的学习方法也需要调整。通过完成既定任务，最后进行考核，学生认识到仅仅依赖课本是远远不够的。因此，他们需要不断地巩固已学过的知识并与其他学科融会贯通，再加上自身的知识和能力以及小组合作才能完成任务。微信在这一学习过程中起了催化剂的作用，通过微信平台，学生能够自由地交流。平时一些课堂表现较为内向的孩子，也能够在微信平台上主动与其他组员沟通交流。绝大部分学生认为采用微信教学有助于提高他们的学习兴趣以及积极性，并且他们掌握的学科内容比单一采用考试模式进行评估更加扎实、牢固。对于教师来说在课堂中应用微信更是一个挑战。首先教师必须思考如何将微信教学融入课程大纲中，在此值得深虑的是微信辅助是否与学科教学评估的方式相匹配。其次还要思考"如何确保每节课教学目标的完成""如何确保学生能够按时完成任务""如何给予公正的评分"。因此，每阶段的任务完成度都应在教学大纲中有所体现，并且采取持续的评估以确保学生能够按时完成相应进度的任务。再者教师角色从传统课堂中的"老板"（Boss）变成了"领路人"（Leader），当小组在微信上展示完成的任务内容时，教师需要根据展示内容适时进行引导，并且课堂教学内容也需要时刻进行微调来确保下一阶段任务完成的质量。值得注意的是，当学生在微信群中展示自己小组的内容时，教师在一定程度上成了"旁观者"。学生之间通过小组之间的竞争相互激励，并且相互学习。

（二）教学故事叙述

该课程设置遵循教师主导作用与学生主动性、独立性相结合的原则。我们将该课程共设置 4 天，南瓜国 40 分钟一天：30 分钟白天工作，10 分钟晚上休闲。微信众筹可以股权众筹、销售众筹和奖励众筹。

第一天：组建企业和个人创业（微信股权众筹）。

（1）自由组建企业，确定企业负责人。

（2）到工商局登记、领取证件。

（3）确定企业性质、名称、产品。

（4）按需求招兵买马（3～8 人）。

（5）确定员工分工、薪资。

（6）注意：七天结束时，所有企业将被要求提供账本（收付实现制编制），从第一天起记录清楚明细。

（7）可以涉猎领域：金融、农业、制造、房地产、餐饮、零售、广告、娱乐等。

第二天：公司和个人创业运营（微信销售众筹）。

（1）公司目标。

①实现销售收入最大化。

②实现利润最大化。

③从银行融资额最优化。

（2）公司人员分工示例。

①老板：企业经营与人员管理。

②财务部：价格制定、账簿记录。

③人事部：人员招聘。

④市场部：市场行情调查、询价、定价报批、推销。

⑤信贷部：贷款相关事宜，压低银行利率。

（3）特殊要求。

①公司：

不能亏本经营，盈利条件下扩大招收员工。

产品销售需双方在对方记录纸上签字。

贷款需要有正当理由。

在七天结束前必须实现销售收入，归还银行贷款。

在最后一节课出示账簿。

②商业银行：

第一，贷款最多，并能够安全收回。

第二，吸收存款最多。

第三，按规定缴存法定存款准备金。

③房地产开发商：

第一，设计三套以上房型，最大限度销售住房。

第二，与一家银行联手发放住房贷款。

第三，销售住房（个人、银行、开发商三方相互签字）。

第三天：优质企业可以上市了（微信股权＋销售众筹）。

要求：

①股本总额＞2000万元。

②发行总额＞500万元。

③公司成立时间≥2天，最近2天连续盈利。

④公开发行股份不少于股份总数的25％。

⑤无重大违法行为。

⑥财务会计报告无虚假记载。

第四天：开始跳槽和微信众筹（微信奖励众筹）。

要求：

①今明2天，每人需要应聘＞三个职位，并跳槽一次。

②面试官需要问三个问题，面试者回答在自己的纸上。

③为了达到个人最大的发展目标，找到你认为最棒的公司下手。

该课程结束要求学生根据微信众筹记录，在苏州大学考试答卷纸上对微信众筹模式教学进行总结，并写出自己的心得与改进建议。教师选择部分学生汇报自己的发现和问题及对策。该记录作为教师评价学生学习成绩依据的一部分。

三、小结

需要指出的是，上述案例是苏大金融学课程教学中在引入实践导向型教学模式方面做出的一些探索与尝试，基于发现学习法理念的创新教学实践并没有固定的形式。因此，在安排相关课程设计、教学与实践活动、教学评估时，高等教育工作者也有进一步探索和再创新的空间。希望此案例分享能够为其他有意引入实践导向型性教学模式的高校教师提供参考，进一步促进高等教育研究与高层次综合性人才培育。

第四节　高校教育有效的教学实践研究

很多研究表明，高校以学生为中心的教学能够显著促进教学。本节主要围绕深度学习与浅层学习、主动学习、记忆与脑神经科学等方面的研究，具体揭示其中内在的机制。

一、以学生为中心的教学与"深度学习与浅层学习"

关于什么是学习，一项研究指出，学习应被视为人在真实世界里的所见、所体验、所理解和所概念化的质的飞跃和变化，它并非个人所拥有的知识量的变化。深度学习能够帮助学生实现教育最广泛和最重要的目标。那么什么是深度学习呢？在回答此问题之前我们先来理解一项研究。让学生阅读一份节选的学术性材料，然后让他们描述读到了什么。结果发现，学生在阅读结果上存在显著差异。这差异并不在于学生记住了多少，而在于学生理解了多少材料所传递的意义。一些学生能够完全理解观点和证据，一些学生能够部分理解材料当中的信息，一些学生则仅能提及所记住的部分细节。当学生专注于记忆事实和孤立的要素却不能在信息和证据之间做出区分时，可以说他们的学习是停留于浅层学习的，而当学生关注材料所传达的意义，把新信息与已知和已经历的联系起来，把内容加以组织和结构化之时，可以说他们的学习已进入深度学习。

以学生为中心的教学是否促进了学生的深度学习？有研究者在20世纪90年代开发了一个教学量表，用以确定一个教师的教学是以教师为中心还是以学生为中心。其研究结果表明，信息传递和以教师为中心的教学取向与浅层学习方法显著正相关，观念的变化与深度学习显著正相关。他进一步把深度学习视为以学生为中心的教学，"当教师报告他们把学生视为活动的中心时，对教师来说更为重要的是学生在做什么、学什么，而不是教师在教什么和覆盖多少内容；当教师在激励学生自主学习和激发辩论时，这样的教学更可能是一种深度学习"。

二、以学生为中心的教学与"主动学习"

主动学习之于以学生为中心的教学，犹如面包之于黄油。格林伍德教育词典给出的主动学习的定义是："主动学习即让学生参与学习活动的过程，包括反思自己的观点、学习如何运用这些观点等。例如，要求学生定期评价自己理解概念和解决问题的能力，通过参与获得知识，这是一个学生通过活动（如收集信息、思考和解决问题等）全身心积极投入于学习的过程。"

作为主动学习主要策略之一的基于问题的学习（Problem Based Learning，PBL）尤其受到学者的关注。一项研究发现，尽管缺乏证据表明 PBL 有利于提升学生的考试成绩，但与传统教学比较，有研究表明它有助于培养学生积极的学习态度，有助于促进其深度学习，有助于学生的知识保持。

一项关于同伴引导的小组学习的研究，是在一门化学课上开展的。实验组有 100 名学生，学生每周上 2 次 50 分钟的讲授课和 1 次 50 分钟的同伴引导的小组学习课。控制组有 190 名学生，学生每周上 3 次 50 分钟的讲授课。实验组和控制组的学生均接受相同的 4 次测验和期末考试。研究结果表明，实验组的考试成绩平均分高于控制组，实验组中，有 85％的学生愿意在第二学期继续这种同伴引导的小组学习，有 76％的学生认为在小组中学习是有益的，仅有 5％的学生认为小组学习并未促进他们的学习。小组学习为什么会对学生学习有如此大的积极影响？研究者提出的一个重要结论是，在小组中学生必须进行详细说明和彼此评论，这种方式会进一步深化倾听者和解释者的理解。

还有研究指出，相比在竞争性环境或个人学习环境中，人在合作性环境中，在推理和学习的情境迁移上表现得更好，而且，学生显现出更高水平的自我理解、努力、成绩和归属感。

对一门注册学生为 170～190 名的生物导论大班课的课程进行了以下三个方面的改变：重新安排课程内容以涵盖更为广泛的主题；引入主动学习（包括 Cliker 答题器）和课上小组问题解决；创立一个以学生为中心的学习环境——明确的课程目标、名词手册和每周测验。这些改变显著提高了学生对课程学习各个方面的满意度，如对课程学习材料的兴趣、自我报告的学习收获以及对课堂展示和任课教师的整体评价。期末考试成绩也明显高于未做出以上改变的同名课程的成绩。研究表明，尽管没有课程内容的整体改变，但改变课程的教学设计也能促进学生的学习态度和学业表现。

来自一门代数课程的研究也非常具有代表性。长期以来，学生的该课程通过率只有 55％。教师重新设计了课程：将每周 3 个 50 分钟的讲授变为 1 个 50 分钟的讲授和 2 个计算机实验室系列。在实验室里，学生通过"做数学"来学习数学，"做"意味着学生使用一个带有解释、辅导、练习题和解决方案的软件。学生可以在实验室里做作业，也可以与其他学生合作，或寻求教师、研究生的指导。学生还需要完成每周的在线测验、4 次平时考试和 1 次期末考试。课程的重新设计极大地改变了教师和助教的角色，他们以前通常是把时间花在讲课、编写作业、考试题以及评分上，现在他们则更重视对学生的指导和一对一互动。研究发现，在三年里，学生课程的通过率从 55％提高到 75％。

三、以学生为中心的教学与"记忆"

有关记忆机制和认知负荷的相关研究也支持以学生为中心的教学。记忆有感觉记忆、短时记忆（或工作记忆）和长时记忆三种形式。感觉记忆指感觉器先短暂存储来自环境的刺激，直至其被处理；短时记忆指输入信息得到进一步处理和理解；长期记忆指信息被永久储存，在未来可以随时提取。当短时记忆转变为长时记忆时，学习就可以说是在真正意义上发生了。短时记忆的存储能力有限，一旦占满就不能处理任何信息，直至又腾出新的空间。如果让学生在短时间里处理过多的信息，则会导致学生的认知负荷量增加。如果学生并没有被给予恰当的时间来处理短时记忆空间里的信息并将之转入长时记忆存储区域，那么新的信息就会覆盖处于短时记忆空间里的信息。以学生为中心的教学强调主动学习、练习和反思，把大块信息打散，鼓励学生通过讨论、合作和练习等消化新信息的活动，这有利于减少学生的认知负荷，有利于学生把新学习的材料转化成长时记忆。此外，通过运用所学到的东西，也进一步巩固了在长时记忆区所存储的信息。

四、以学生为中心的教学与"脑神经科学"

来自神经影像和生物化学的发现为考查人在学习时大脑里发生了什么样的变化提供可能。以学生为中心的教学关注学生学习的主动参与，这与大脑是通过经验而生长和发展的这一工作原理是一致的。大脑在人的一生中是随着经验而不断变化和重新组织的，尽管脑神经的数量并没有随着时间的变化而变化，但人的发展的确影响了大脑的整体增长。原因在于，神经之间是会进行交流和互动的，它们通过神经突起来为神经之间的信息传递提供路径。神经之间的连接遵循"用进废退"的原则，只有活跃的神经细胞之间的连接才能得以增强和保存。成人脑尤其是大脑皮质区域是能够由练习和经验而发生很大变化的。大脑各个部分之间的神经突起是能够被经验塑造的。

有时也被称为情感脑的大脑边缘系统与其他很多区域连接（其中大部分是大脑新皮质的额叶）。大脑新皮质额叶的部分作用就是组织大脑活动、记录信息的输入并确认信息的优先次序。换句话说，额叶帮助大脑从时刻涌入的大量信息中挑选什么是值得注意和关注的，帮助人们专注于重要的事情。为了做到这一点，额叶需要来自大脑边缘系统的输入。可以说，大脑边缘系统为未来信息增加了情感色彩，这影响我们如何感觉信息。大脑边缘系统与额叶之间的连接为以下理念提供了支撑，即学习的促进在某种程度上是源于对内容的情感投入。实践性活动对学习的促进发生在大脑额叶（思维）与大脑边缘系统（感觉）处于交流状态之际。通过对材料的情感投入，使大脑边缘系统活跃起来，这是引发学习专注的有效途径。

此外，在生物、化学层面考查大脑变化也是富有启示意义的。有大量的化学物质，如神经递质、肽类和荷尔蒙，不断地在体内循环，正是通过这些物质的分配和运动，信息得以从一个神经元传递到另一个神经元。研究结果表明，情感驱动注意，注意驱动情感。在这一意义上，奖励和激励学生，帮助他们对自己和所学习的内容有好的感觉，会进一步激励大脑的情感中心，既提升动机，也促进好的学习成果。

随着学习经验的发展，大脑的不同部分都参与进来。负责短期记忆的区域是大脑海马体，而长时存储还需要大脑皮层的参与。一旦记忆被永久储存在被称为皮层下的区域，更表层的新皮质区域就被释放出来以处理更新的输入。尤其是在大脑皮层区域，越是复杂的认知能力越需要大脑的更多参与，练习活动则加强了这些不同区域之间的联系。

参考文献

[1][美]戴维·乔纳森,[美]简·豪兰,[美]乔伊·摩尔,[美]罗斯·马尔拉.学会用技术解决问题——一个建构主义的视角[M].第 2 版.任友群,李妍,施彬飞,译.北京:教育科学出版社,2007.

[2][英]W.迪克,[英]L.凯瑞,[英]J.凯瑞.系统化教学设计[M].庞维国,译.上海:华东师范大学出版社,2007.

[3]丁笑炯.关于"以学生为中心"的教学理论与实践的反思——来自西方的经验[J].全球教育展望,2005,34(11).

[4]丁兴富,蒋国珍.白板终将替代黑板成为课堂的主流技术——革新课堂教与学的新生代技术(2)[J].中国电化教育,2005(5).

[5]董素静.中学理科实验探究教学新模型研究[D].重庆:西南大学博士论文,2010-04.

[6]杜宇,曾苹.成就归因对英语学习策略使用的影响及其对外语教学的启示[J].西南民族大学学报(人文社科版),2009(11):220-222.

[7]方展画,许金声,罗杰斯·"以学生为中心"教学理论评述[M].北京:改革出版社,1998.

[8]布卢门菲尔德,肯普勒,克拉伊切克.学习环境中的动机与认知投入.[M].徐晓东等,译.北京:教育科学出版社,2010(4):545-552.

[9]冯晓英.校际协作学习的脚手架模型建构及应用[D].北京:北京师范大学博士论文,2010.

[10][荷]弗赖登塔尔.数学教育再探[M].上海:上海教育出版社,1999.

[11]符碧真.第一天上课,课堂规则的建立[EB/OL].(2010)[2011-02-09].http://ctld.ntu.edu.tw/epaper/?p＝1399.

[12]高玲.“先行组织者”在中学历史教学中的运用策略研究[J].考试周刊,2008(41):149.

[13]龚藻吉,董彦健.表扬不应忽视的细节[J].教学与管理,2010(26):18.

[14]谷莹莹.化学课始情境创设的原则与方法[J].教学与管理,2010(28):71-72.

[15]顾明远,石中英.国家中长期教育改革和发展纲要解读[M].北京:北京师范大学出版社,2010.

[16]陈桂香．基于大数据的高校教育管理研究[M]．北京:科学出版社,2020.

[17]解方文．高校教育创新及其管理体系的建设[M]．北京:经济管理出版社,2020.

[18]蒋叶红．高校学生管理研究[M]．北京:北京大学出版社,2020.

[19]关洪海．高校教育管理与创新实践研析[M]．北京:冶金工业出版社,2019.

[20]左柏州．新媒体时代下的高校思想政治教育研究[M]．北京:经济管理出版社,2019.

[21]胡凌霞．高校教育管理理念与思维创新[M]．长春:吉林大学出版社,2020.